王家忠 ● 著

智慧做父母

教子有方三十六计

中国社会科学出版社

图书在版编目（CIP）数据

智慧做父母——教子有方三十六计 / 王家忠著. — 北京：
中国社会科学出版社，2015.1

ISBN 978-7-5161-5308-6

Ⅰ.①智… Ⅱ.①王… Ⅲ.①家庭教育 Ⅳ.①G78

中国版本图书馆CIP数据核字(2014)第300567号

出 版 人	赵剑英
责任编辑	黄　山
责任校对	张文池
责任印制	李寡寡

出　　版	中国社会科学出版社
社　　址	北京鼓楼西大街甲158号（邮编 100720）
网　　址	http://www.csspw.cn
	中文域名：中国社科网　　010-64070619
发 行 部	010-84083685
门 市 部	010-84029450
经　　销	新华书店及其他书店

印　　刷	北京君升印刷有限公司
装　　订	廊坊市广阳区广增装订厂
版　　次	2015 年 1 月第 1 版
印　　次	2015 年 1 月第 1 次印刷

开　　本	710×1000　1 / 16
印　　张	12.5
字　　数	210 千字
定　　价	29.00 元

目 录

/ 智慧做父母 /

第一计　知彼知己

教子成材有规矩　　可怜天下父母心

父母是子女的第一任教师。要履行好家庭教育职责，必须了解家庭教育的规律，把握孩子的个性特点，做到知彼知己。

古代兵书里说："知彼知己，百战不殆。"意思是打仗时要全面了解敌我双方的情况，才能百战百胜。望子成龙、盼女成凤是每位家长的强烈愿望，更是社会发展的迫切需要。目前，我国正致力于社会主义现代化建设，向全面小康社会迈进，急需各方面的专门人才。百年大计，教育为本。"国运兴衰，系于教育；教育振兴，全民有责。"今天的幼儿和青少年是民族的希望，他们的成长和发展直接关系到祖国的前途和命运。青少年的健康成长，除了需要学校教育和社会教育而外，家庭教育也是一个十分重要的方面。

要认识家庭教育的重要性。家庭教育是家庭成员之间的互相影响与教育，通常指父母对儿女辈进行的教育。古人说，养不教，父之过。马克思说："家长的行业，是教育子女。"教育子女是每位家长的神圣职责。父母是子女的第一任教师，而且是"教龄"最长的教师。父母子女关系至亲，感染力和接受力也最强。朝夕相处，耳濡目染。所以，家庭教育是其他教育方式所不可替代的。特别是学龄前儿童的启蒙教育，不仅可以为以后的学校教育打下良好的基础，而且还会对子女的一生产生影响。一些有所作为的思想家、文学家、科学家，大都受过良好的家庭教育。宋庆龄曾说过："孩子们的性格和才能，归根结底是受到家庭、父母，特别是母亲的影响最深。孩子长大成人以后，社会成了锻炼他们的环境。学校对年轻人的发展也起着重要的作用。但是，在一个人的身上留下不可磨灭的印记的却是家庭。"宋庆龄十分重视家庭教育，强调"培养下一代是全民的责任。每个做家长的都要负起这个责任来"。著名作家老舍也曾深情地回忆说："从私塾到小学到中学，我经历过起码有百位教师吧！其中有给我很大影响的，也有毫无影响的，但是我的真正的教师，把性格传给我的，是我母亲，母亲不识字，她给我的是生命的教育。"这里生命的教育是指思想品德、道德情操、行为习惯等方面的教育。

但在现实生活中，由于人们对家庭教育的重要性认识不够，有的对孩子放任自流，认为树大自直；有的对孩子溺爱娇惯，捧在手中怕摔了，含在口中怕化了；有的对孩子生硬管制，实行"棍棒式"教育，使子女畏父如虎。结果，许多本来天赋很好的孩子却常常被耽误了，甚至走向歧途。调查表明，父母教育方法不当，或受家庭不良环境影响，是造成青少年失足的重要原因。有的父母离异，有的家长一味追求物质享受，有的父母双双外出务工，与子女一年甚至几年不见面，有的父母管教子女简单粗暴，经常体罚孩子，等等。总之，孩子从小没有享受到应有的家庭温暖和良好教育，就会经常处于紧张、忧虑、困惑的心理状态，甚至造成性格扭曲和不良人格。他们往往对家庭、学校、社会产生抵触情绪，学习成绩下降，厌学逃学，直至引发人生观、价值观的扭曲，过早混迹社会，游戏人生，形成不良社会群体，逐步走上违法犯罪的道路。

好的家庭教育首先需要家长了解家庭教育的规律性。俄国大文豪高尔基说得好，"爱护子女，这是母鸡都会做的事。然而，会教育子女，这就是一件伟大的国家事业了，它需要有才能和渊博的生活知识"。子女教育是一门科学，也是一门艺术。做父母的应尽可能地多了解掌握一些有关子女教育的知识，遵循家庭教育的规律和方法，科学地进行家庭教育。最起码要营造和谐的家庭氛围，树立良好的家长形象，关爱孩子的身心健康，培养孩子的良好人格。

其次，还应把握儿童的个性特点。要搞好子女教育，使其成为有用之才，不但要掌握有关儿童生理、心理发展发育的知识，遵循家庭教育的基本规律，更重要的还在于将这些知识和规律与自己孩子的个性、特点有机地结合起来。每个儿童都有不同的个性，个性的形成是遗传、教育、环境及其个人经历综合作用的产物。家长应在哺育和教育子女的过程中逐渐摸索和掌握孩子的性格特点、兴趣爱好、思维倾向，等等，搞清楚孩子最适合做什么，应该往哪方面培养和发展。孩子的学习和生活是不断变化的，家长应在儿女成长过程中及时与子女沟通心理、心心相印，了解有关信息，及早把握孩子的发展动向，以采取相应的对策，避免盲目性。

我国现代教育家陈鹤琴先生就主张人们在为人父母之前，就应该学习抚养、教育孩子的知识和方法，这样的父母才能把孩子教育好。他在《怎样做父母》一文中曾经这样写道："父母，不是容易做的，一般人以为结了婚，生了孩子，就有做父母的资格了，其实不然。我们知道，栽花的人，先要懂得栽花的方法，花才能栽得好；养蜂的人，先要懂得养蜂的方法，蜂才能养得好；育蚕的人，先要懂得育蚕的方法，蚕才能育得好；甚至养牛、养猪、养羊、养马、养鸟、养鱼，都要先懂得专门的方法，才可以养得好。难道养小孩，不懂得方法，可以养得好吗？可是一般人对自己的孩子，反不如养蜂、养蚕、养牛、养猪看得重要。对养孩子的方法，事先毫无准备，事后又不加研究，好像孩子的价值，不及一头猪、一只羊。"

再次，知彼很重要，知己也是必需的。知彼不易，知己更难。古希腊有句名言："认识你自己。"我国古代思想家老子说："知人者智，自知者明。"家长要善于引导孩子，学会不断地认识自己、了解自己、发现自己、塑造自己。认识自身的个性，了解自身的兴趣，发现自身的优缺点，规划自身的学习、生活与职业。俗话说，知子莫若父、知女莫若母。父母对自己的子女自然有着切身的体会与理解，可以多与孩子沟通交流，确定孩子的个性特点，帮助孩子更好地认识和了解自己，发现孩子的特长与非凡，以便更好地规划与发展自己的未来。认识自己不是一蹴而就的，孩子本身也不是一成不变的。要随着学习的进步和年龄的增长，不断有所发现、有所进步、有所提高。

在孩子的职业或专业选择与兴趣的培养上更需要知彼知己。要引导孩子把社会需要和将来就业放在第一位。儿童的可塑性很强，不用太担心自己会对专业不感兴趣、学不下去的情形，随着接触的增多，兴趣其实是很容易培养出来的。如果毕业后找不到工作，温饱都不能解决，奢谈兴趣就没有意义了。我们都知道古时候有个人辛辛苦苦学所谓"屠龙术"，可学完之后并没有什么"龙"可屠。现代社会的发展日新月异，需要各种职业人才，总有适合自己孩子的专业，关键看我们怎样正确引导。

最后，良好的家庭教育需要彼此的理解。对于家长与子女来说，理解与沟通是搞好子女教育的前提和基础。"子女好与坏，在乎沟通与关怀"。父母应该多与子女沟通，多了解子女的想法，理解子女的做法。善于换位思考，理解和包容对方，加强沟通与理解，既能促进孩子的教育，也能增进家庭的和谐与幸福。当然，理解是相互的。父母要理解子女，子女也要理解父母。对此，家长在教育孩子时，必须从小培养孩子的良好性格，不要太自私、太自我，处处以自我为中心，而要学会理解他人、包容他人。这样长大以后，才能尊敬家长、理解家长、关心家长。

第二计　慎教人初

小荷才露尖尖角　　早有蜻蜓立上头

家庭教育宜及早实施，越早越好。一个人在儿时形成的才华影响着他的一生。你可以有童年的遗憾，但你不能给孩子遗憾的童年。

"人之初，性本善；性相近，习相远；苟不教，性乃迁"。婴幼儿教育是家庭教育中最重要、最关键的阶段，须慎之又慎。日本教育家井深大认为，孩子的教育从出生的那一瞬间就开始了，因为此时孩子的可塑性是最高的。铃木镇一说："孩子出生就开始教育的国策，若能在世界各国实行的话，世界在30年后就会变成一个全新的世界。"我国教育部《面向21世纪教育振兴行动计划》中强调：实施素质教育，要从幼儿阶段抓起，要用科学的方法启迪和开发幼儿的智力，培养幼儿健康的体质、良好的生活习惯与求知的欲望。

婴儿的早期教育严格地说应是从怀孕开始的，这就是胎教。我国自古就有胎教之说。相传周文王的母亲在怀他时"目不视恶色"，"耳不听恶声"，因此，文王生而圣明。孕妇要保持精神的健康，防止情绪过分激动，常听一些健康悦耳的音乐，多看一些好书和艺术品，欣赏美丽的景色。孕期要慎重用药，避免病毒感染，忌烟酒。有一种"胎儿酒精综合征"，主要就是由于母亲孕期嗜酒所致。望子成龙乃人之常情，但孕育出一个健康的"龙体"却是至关重要的。据媒体报道，有位西方专家用仪器观察到，胎儿已有喜怒的情绪表现，由此也印证了胎教的必要性。

我国古代家庭教育家颜之推认为，家庭教育宜及早实施，越早越好。他认为胎教之法"当及婴稚，识人颜色，知人喜怒，更加教诲，使为则为，使止则止，比及数岁，可省笞罚"。就是说幼儿教育及早抓起，加以训导，长大了就用不着采用强制手段了。《颜氏家训》一书中曾提出，俗谚曰："教妇初来，教儿婴孩。"其意是指对子女的教育培养要慎于开始，慎于婴孩，慎于早期。一位德国乡村牧师卡尔·威特很早就指出："对子女的教育必须同孩子的智力曙光同时开始。"他的孩子威特先天素质并不好，但由于他注重了早期教育，结果孩子八九岁时就能自由运用德语、法语等6国语言，9岁考入大学，未满14岁便获得数学博士学位。他坚信，孩子成为天才还是庸才，不是决定于天赋的多少，而是决定于生下来后到五六岁时的教育。法国思想家爱尔维修就曾说过："即使是普通的孩子，只要教育得法，也会成为不平凡的人。"

"三岁之魂，百岁之才"。一个人在儿时形成的才华影响着他的一生。科学研究证明，儿童智力的发展呈先快后慢的趋势，教育开始得越晚，儿童能力的实现就越少。心理学家调查研究发现，4岁前儿童是智力发育的高峰期，这个时期被称为儿童的智力发展关键期。美国心理学家布鲁姆指出，"5岁前是智力发展最为迅速的时期，与17岁所达到的智力水平相比较，从四岁起就约有50%的智力，其余的30%在4岁至8岁获得，最后20%在8岁到17岁获得"。因此，对幼儿的教育应侧重于智力的开发，启发儿童分析、判断、推理和概括的能力，养成会观察、善思考的习惯，而不宜过早地急于教识字。儿童各种能力的发展都有最佳期，错过了机会或急于求成，都不利于儿童身心的发展。我国早教专家冯德全教授在其《0岁方案》一书中提示："你可以有童年的遗憾，但你不能给孩子遗憾的童年；你可以不是天才，但你能够成为天才的父母和老师！"

有学者研究提出，随着人口流动"家庭化"趋势的加强，更多学龄前儿童跟随父母涌入城市，流动学龄前儿童的早期语言教育没有引起足够的重视。语言是人类交流信息的重要载体，只有具备了优秀的语言能力，才能适应人类社会发展的需要。幼儿期是语言学习的关键期，幼儿的语言训练需要丰富和良好的语言环境，进行恰当地教育和训练，才能逐步提高其语言的运用能力。儿童只有在受到尊重和爱护的时候，才愿意用语言和周围的人进行快乐的交流，感觉到自己被尊重，并产生用语言交流的信心，从而有效地融入城市生活。

毕加索的父亲堂·何塞是西班牙一个小镇上的画家，在毕加索还没有学会说话的时候，他就发现儿子能够用画画表达自己的意愿。一天，刚刚学步的毕加索画了一个螺旋状的物体，家人都不知道他画的是什么，堂·何塞却看出小家伙画的是热食摊上的油炸馅儿饼，他感到非常惊讶，认为儿子身上具有绘画的天赋，决定把儿子培养成画家。于是，他给儿子布置了一间房子，四周贴满了他画的儿童画，画的都是日常物品，线条虽然简单，但都作了合理的变形，以此来诱发儿子的想象力和空间变形能力。他经常把儿子带到房间里看这些画，告诉儿子这些画是怎样画成的。在堂·何塞的刻意培养下，毕加索渐渐迷上了绘画，成了绘画界的天才。

根据动物心理学家的试验，一般动物都有明显的印刻现象，即在生命最初的经验得到的某些信息，可以影响它以后的行为，并且带有不可逆转性。其实，印刻现象在人身上也不同程度地存在着。如在印度一些地方先后发现的"狼孩"、"豹孩"等，由于错过了早期教育的时机，因而很难恢复人的天性。我国黄河沿岸地区曾流行一种用"沙土袋"养育幼儿的方法，就是为了减少换尿布的麻烦，用"沙土袋"垫在孩子身体下面，长时间不管不问，结果孩子两岁多还不会走，甚至不会站，严重影响幼儿智力的发展。这种"沙土袋"好像让父母省了力气，可是却埋葬了多少栋梁之材！

著名作家冰心在《我们应该怎样做父母》一文中写道："我们称孩子为父母'爱情的结晶'，仿佛男女两方面由恋爱而结婚，自然而然地生了孩子，孩子是我们恋爱的'后果'而不是'前提'。但是，实际上，恋爱之所以必须有婚姻，除了男女两方因为'情投意合'、'志同道合'，希望长期共处之外，我们还要为我们'爱情的结晶'准备一个健康的家庭环境，让他在我们的协力爱护之下，欣欣向荣地生长起来，所以我们'保卫儿童'的工作，应该是在谈恋爱的时期就开始的。我们要考虑恋爱的对象，在身体健康上，在道德品质上，在生活习惯上……是否可以做我们孩子的父亲或母亲？在准备做父母的时候，还要考虑到自己的年龄身体、时间精神、经济能力，是否已经具备了迎接孩子来临的条件？条件具备了，我们还要有计划地生育，比方说：我们要几个孩子？每个孩子之间，要相隔几年？孩子要来了，我们对于他的衣、食、住、行的照管上，有多少知识，有什么准备？"

现在许多家长都关心自己孩子的智商。智商就是智力商数。西班牙《万象》月刊载的《智商加减法》中说：人的智商既是先天因素，也是后天开发与培养的结果，而且智商是可以"破坏的"。经过多年对这一问题的争论，目前科学界普遍认为，人的智商既取决于基因，也取决于"环境"因素。

智商是用来衡量一个人聪明程度的参数。如果按照科学家拟定的平均智商100为基数，按以下顺序进行智商加减法，就可以知道青少年从父母那里继承来的一些因素以及后天的生活习惯给了孩子怎样的智商。

如果孩子的母亲在怀孕期间曾经抽烟、喝酒或喝咖啡，减5分；

怀孕期间大量服药，减10分；

怀孕期间大吃大喝，未保持平衡饮食，减6分；

吸毒，减10分；

怀孕期间情绪紧张，减10分；

早产，减20分；

顺产，但体重不足2.5公斤，减3分；

非母乳喂养，减5分；

从小是个爱哭的孩子，减9分；

在贫困或边缘化环境中长大，减14分；

体内缺乏维生素和矿物质，减17分；

与小朋友的关系不融洽，减5分；

从小爱好阅读，加5分；

从小贪吃，尤其喜欢可口可乐一类的饮料，减5分；

从不参加校外活动，减6分；

参加过音乐辅导课，加3分；

睡眠不足，而且没有午睡习惯，减5分；

睡觉时有打鼾的习惯，或者呼吸较重，减5分；

父母对孩子关怀备至，加7分；

感觉自己在家中或学校中都是被排斥的对象，减15分；

辍学，减6分；

儿童是被动吸烟者，减4分；

热衷于手机短信息，减10分；

儿童是主动吸烟者，减10分；

每周3次体育锻炼，加15分；

经常感到情绪低落、焦虑或抑郁，减8分；

善于思考，加10分；

经常接触有毒物质，减9分；

适当饮酒，加3分；

如果儿童的智商分值低于89分，证明儿童的生活习惯已经影响到他的智商，如果低于69分，则说明这种影响已经非常严重。

第三计 因材施教

天生我儿必有用　不拘一格育英才

家长要选择适合每个孩子特点的学习方法来有针对性的教育，发挥孩子的长处，弥补孩子的不足，从而促进孩子全面发展。

"龙有九子，各得其用。"传说龙有九个儿子，虽性态各异，但都派上了不同的用场。对子女的教育也不能千篇一律，而应针对儿童的不同特点进行教育。"因材施教"是一项重要的教育方法，在家庭教育中家长要根据不同孩子的认知水平、学习能力以及自身素质，选择适合每个孩子特点的学习方法来有针对性地教育，发挥孩子的长处，弥补孩子的不足，激发孩子学习的兴趣，树立孩子学习的信心，从而促进孩子全面发展。

曹操"因材施教"育子成才就很有一套。曹操的儿子曹彰，从小喜欢习武。曹操就根据他的天性，向他传授武艺。他的另一个儿子曹植，从小喜欢读书，于是，曹操就教他写诗作赋。后来，曹彰果然成为一名英勇善战的将才，曹植则成为出类拔萃的文才。古文里说，孔子教人，各因其材，有以文学入者，有以政事入者，有以言语入者，有以德行入者。可见，孔子就是根据孩子的个体差异进行教育，使之成为不同之才的。

人心不同，各如其面。不同的人有不同的心理特点，在世界上很难找到个性完全相同的两个人。在现实生活中，有的人观察入微，有的人粗枝大叶；有的人反应敏捷，有的人反应迟钝；有的人深思熟虑，有的人不求甚解；有的人热情奔放，有的人淡漠拘谨，等等。由于遗传、教育和环境的影响，儿童的心理个性差异也是明显地存在着的。知子莫若父母。家长应根据自己的孩子所具有的个性特点，而采取不同的教育措施，才能取得良好的效果。例如对自信心不足的孩子，就需要多鼓励，使孩子从点滴的进步中多获得成功的体验，逐步树立自信心。而对那种骄傲自满的孩子，则需要经常提醒他认识自己的弱点和不足，培养踏踏实实的学习态度。

儿童的个性特点虽然一经形成就具有相对稳定性，但也不是不可改变的。特别是处在婴幼儿阶段的孩子，有些东西尚未定型，家长应适时地加以培养、训练，克服和纠正那些不良的习惯、爱好。有的孩子对某一方面的知识特别感兴趣，并且在这方面也表现出其能力上的优势，家长就应注意对孩子的这种兴趣和优势加以培养，使之发展和掌握一技之长。对于那些孩子不感兴趣，且其能力上又是劣势的知识，而这些知识却是很重要的或基础性的，家长就应注意引导和培养孩子的兴趣，逐渐弥补这种差距，以免积重难返，树大难掰。

儿童的兴趣爱好和发展倾向各不相同，而且在成才上也有早晚的差别。有的人少年得志，有的人大器晚成。做家长的切不可千篇一律，求全责备。特别是对那些反应迟钝乃至生理上有残疾的儿童，更应有针对性地加以培养，只要方法得当，坚持不懈，终究也会取得成功。乌龟虽跑得慢，但持之以恒，最终不是也跑过了骄傲大意的兔子吗？我国古代伟大的教育家孔子就提倡并注重因材施教的教育方法，事实证明这是一种行之有效的方法。

有一次，孔子讲完课，回到自己的书房，学生公西华给他端上一杯水。这时，子路匆匆走进来，大声向老师讨教："先生，如果我听到一种正确的主张，可以立刻去做吗？"孔子看了子路一眼，慢条斯理地说："总要问一下父亲和兄长吧，怎么能听到就去做呢？"子路刚出去，另一个学生冉有悄悄走到孔子面前，恭敬地问："先生，我要是听到正确的主张应该立刻去做吗？"孔子马上回答："对，应该立刻实行。"冉有走后，公西华奇怪地问："先生，一样的问题你的回答怎么相反呢？"孔子笑了笑说："冉有性格谦逊，办事犹豫不决，所以我鼓励他临事果断。但子路逞强好胜，办事不周全，所以我就劝他遇事多听取别人意见，三思而行。"

著名教育家陶行知说："培养教育人和种花木一样，首先要认识花木的特点，区别不同情况给予施肥、浇水和培养教育，这叫'因材施教'。"具体地说，针对孩子的性格特点，采用不同的教育方法。如果我们的孩子争强好胜、锋芒毕露，就要注意引导其谦虚待人、与人合作，避免过于自我和攻击性；如果我们的孩子唯唯诺诺、前怕狼后怕虎，就注意引导其树立自信心和勇气；如果我们的孩子马马虎虎、粗枝大叶，就注意引导其做事认真、思维缜密；如果我们的孩子爱钻牛角尖、拿不起放不下，就注意引导其往大处想、凡事要拿得起放得下……针对孩子的性别特点，采用不同的教育方法。男孩子与女孩子由于性别差异，其生理心理特点都不同，在思维方式和兴趣爱好上也各有特点。家长要注意这些差异与变化，教育引导孩子健康成长成才。针对孩子的年龄特点，采用不同的教育方法。孩子在一天天长大，心理在不知不觉中变化。家长往往忽视这种变化，还用对待小孩的办法教育甚至训斥已经长大的孩子，结果造成孩子的逆反情绪。针对孩子的兴趣特点，采用不同的教育方法。家长要关注和善于发现自己孩子的兴趣所在，积极引导培育孩子的兴奋点，并把这种兴奋点与学习工作有机结合起来，也就是把孩子的兴趣转化为学习工作的动力。针对孩子的生理特点，采用不同的教育方法。孩子的生理特点是先天遗传与后天发育锻炼的结果。不同生理特点的孩子对学习、生活，特别是将来从事的职业都产生一定的影响。家长要保障孩子身体健康成长的同时，要关注和考虑其生理特点，扬长避短，科学发展。特别是生理有缺陷的孩子，家长要给予特别的关爱。不但要保障其有健康的心理，更要针对其特殊的生理特点设计培育特殊的兴趣爱好和一技之长，让孩子能够自理自立自强，较好地融入社会。

要做到因材施教，家长必须树立科学的人才观念，不能受世俗观念影响而忽视自己孩子的长处，甚至埋没人才。我国古代思想家庄子曾讲过这样一个故事：惠子对庄子说："魏王送我大葫芦种子，我将它培植起来后，结出的果实有五石容积。用大葫芦去盛水浆，可是它的坚固程度承受不了水的压力。把它剖开做瓢也太大了，没有什么地方可以放得下。这个葫芦太大了，我觉得它没有什么用处就砸烂了。"庄子说："先生实在是不善于使用大东西啊！你有五石容积的大葫芦，怎么不考虑用它来制成腰舟，而浮游于江湖之上，却担忧葫芦太大无处可容？看来先生你还是心窍不通啊！"有多少家长因心窍不通而埋没了孩子的特长啊。

研究表明，人的潜能有着无穷的可能性，因而存在着无数的发展空间。但往往只有某几个方面的潜能被开发出来，并加以强化，这个人才能成为某方面的"神童"、"天才"。因此，如何对待我们的孩子，这就是孩子的命运。只要认识到人的潜能是无限的，有多种发展的可能性，你就知道如何针对孩子的个性特点，彰显他的可能成为人性光辉的一面。

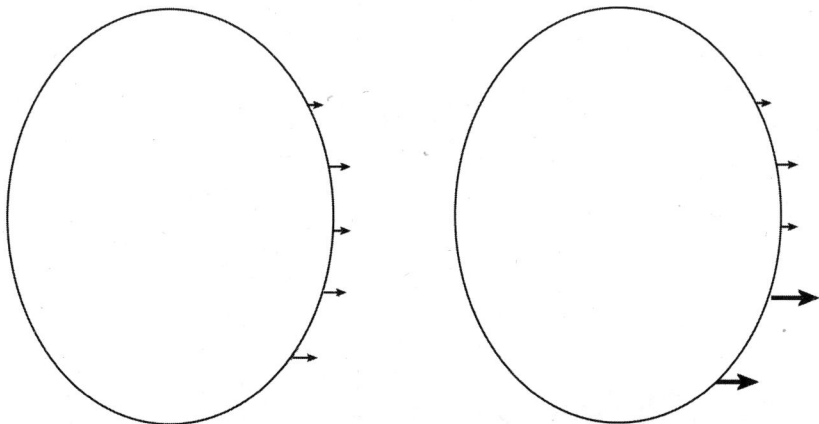

人们常说"创造适合孩子的教育，不是让孩子适应教育"。事实上，由于人的遗传、成长环境以及心理发展均有很大差异，在教育方法上是不能"一刀切"或"一视同仁"的。在日常生活和学习中注意观察，尽可能给孩子创造更多的环境和机会，让其充分展示自己的个性；同时也要认真分析孩子从中出现的问题，有针对性地找出解决问题的办法。在教育子女的过程中，一定要根据孩子的特点来进行教育。一个人的天赋再好，不因材施教，不有的放矢，他的各方面素质也很难提高。要善于寻找每个孩子，尤其是寻找较调皮或是性格内向的孩子的优缺点，让他们发扬优点，克服缺点。从而使孩子具备良好的思想觉悟和道德品质，同时积极为他们创造成功的机会和条件，引导孩子尝试成功的乐趣。

当今世界需要各种各样的专门人才，家长必须改变"学而优则仕"的传统观念，结合社会多方面的需要，联系自己子女的实际情况，培养出各种各样于国家和社会有用的人才。

第四计　循序渐进

人生识字聪明始　　循序渐进是良计

对子女的教育不能急于求成，而应遵循儿童生长发育和接受知识的顺序、规律，有步骤地进行。

传说有位富翁要建一座三层楼房，他急于想看到第三层楼的样子，就要工匠们先从第三层盖起。这种要求和想法显然是荒唐可笑的。饥汉吃烧饼的故事中也讲到，古时候有一个行路人，肚子饿极了就去街上的烧饼摊买烧饼。他一连吃了六个都没饱，直到吃了第七个烧饼终于饱了。这时他很后悔地说："唉，早知道这第七个烧饼一吃就饱，就不买前面那六个烧饼了。"殊不知，这第七个烧饼之所以一吃就饱，是因为前面那六个垫底儿了。对子女的教育和两则小故事中讲的道理一样，也不能急于求成，而应遵循儿童生长发育和接受知识的顺序、规律，有步骤地进行。

我国古代哲学家朱熹曾明确地提出"循序而渐进，熟读而精思"的教学思想。他说："君子教人有序，先传以小者近者，而后教以远者大者"，"譬如登山，人多要至高处，不知自低处不理会，终无至高处之理"。他强调教学要坚持由近及远，由易到难，由浅至深，由具体到抽象，由已知到未知。

儿童的身体发育和智力发展是有规律的，各种知识的接受也有一定的先后次序，何时学习某种知识也有其"关键年龄"或"最佳时期"。因而，对子女的早期教育和智力开发必须遵循儿童生长发展的规律和特点，做到循序渐进。

具体来说，一岁以前的孩子应以感知和运动训练为主。这段时期是儿童身体发育和神经成熟的极重要的时期。这个时期的环境和经验，直接影响着儿童的大脑发育、神经成熟和智力发展。科学研究表明，出生后第五个月到第十个月之间是大脑发展的关键时期，此时应特别注意孩子的营养。人的智力主要是通过五官来体现的，所以要培养发展儿童的智力，就应从训练孩子的五官开始。要在婴儿的周围悬挂色彩鲜艳的气球玩具，张贴美丽的图画，以发展孩子的智力；要多与孩子交谈，使之多听悦耳的音乐，以刺激儿童的听力；可以通过各种有气味的东西，来发展儿童的嗅觉；可以让孩子触摸各种软、硬、冷、热的物品，以训练孩子的触觉。进一步还可以进行更复杂些的五官协调的训练等。

心理学家发现，幼儿对不同的学习材料都有一个最佳的学习期，在某一时期幼儿对某种材料学习兴趣最大，学习速度最快，掌握最牢。一般情况下，一至两岁的孩子应以语言训练为主。一岁半左右是语言发展的快速时期，这时应及时通过活动训练孩子的发音、理解和表达语言。两至三岁是儿童学习口头语言的最佳年龄。

三至五岁是音乐、美术、体育训练的最佳时期。如若及时地加以训练、培养，往往会收到事半功倍的效果。

四至五岁是开始学习书面语言的最佳年龄。这个时期是儿童形象知觉的敏感期，故从四岁开始培养阅读能力为好。

三至八岁学习外语为最好，不会与本国语言混淆。

三至五岁是数概念形成的敏感期。

三岁以前还应重视孩子生活习惯的训练，重视社会行为的训练，进行关心他人、团结友爱的教育。

"高楼万丈平地起。"每一门知识的学习，每一种技能的掌握，也需要从基础开始，从基本功练起。例如练习书法，应先让孩子学会正确的握笔姿势，从基本笔画练起，由简入难，由楷书到行书再到草书；弹钢琴也应从指法训练开始。有一位儿童，其乐感很好，一支陌生的曲子听上几遍就能在钢琴上弹出来，可让专家一看却直摇头，因为他只用一个指头弹。

科学家爱因斯坦在研究广义相对论时也遇到同样的问题。他在研究几年收效甚微的情况下仔细查找原因，方才发现自己在大学读书时，忽视了对数学的学习和钻研，因此这门基础知识的底子较差。为了研究成功广义相对论，爱因斯坦只得搁置起眼下的研究工作，重返学校再次补习了三年的数学课程。

我国著名的数学家华罗庚也有类似的教训。他在自学高中课程时，时常犯急躁病，一个劲儿地加速，结果所学的知识成了"夹生饭"。于是他领悟到：片面求快不符合读书的辩证法，必须循序渐进。后来，他就宁肯比在学校里学得慢些，练习做得多些，用五六年时间才学完了高中课程。看起来高中课程学得慢了一些，但因为学得扎实，所以给后来学习大学课程带来了方便。到清华大学没多久，他就听起了研究生的课程。

古人云："学者观书，病在只要向前，不肯退步，看愈向前，愈看得不分晓，不若退步，却看得审。"这是很有道理的，就是说，学习、读书要扎扎实实，由浅入深，循序渐进，有时还要频频回顾，以暂时的退步求得扎实的学问。学习正如上台阶和吃饭一样，一步跨十个台阶和一口吃成胖子都是做不到的。我们只有根据知识的内在逻辑程序，由浅入深、循序渐进地学习，才能真正学到知识。

对幼儿智力的培养应着重于孩子的求知欲，而不是过早地灌输超出幼儿承受能力的各种知识。事实证明，揠苗助长、急于求成，过早、过多单纯地知识积累，往往是欲速则不达。例如，一个孩子从四岁开始，就模仿小学生做功课，每天都要写几页，做几道题。入学前就学完了小学二年级的课程。

但上学后，成绩依旧平平。提前学的知识不仅无法保证他超出一般，甚至还有掉队的危险。还有一个小孩，从小家长就教给他说英语而不说汉语，可长到四五岁后，却不能和小朋友进行交流，性格孤僻。

儿童品德的培养，也要从小做起。列宁的夫人，苏联教育家克鲁普斯卡娅说："童年时代的一些最初的印象会在人的一生中留下痕迹。"幼儿时期的儿童好模仿，接受力强，一个好的品德习惯必须从小养成。儿时形成的不良习气，长大以后则很难纠正。据说，韩国的国民教育，小学注重人格培养，中学侧重知识传授，大学突出国际教育，也是有一定道理的。

马迪·金有一首诗，名字叫《假如您能记住》，也许会给家长们一些启发：

> 如果您能记住，您走一步，我要走三步才能赶上，
> 如果您能理解，我观察世界的眼睛比您的眼睛矮三英尺，
> 如果您在我乐意的时候让我自己试试，而不是把我推到前面或挡在后面，
> 如果您能满怀爱心地感受我的人生，不剥夺我自决的需要，
> 那么我将长大、学习和改变；
>
> 如果您能记住，我需要时间获得您已有的生活经验，
> 如果您能理解，我只讲述那些相对我的成熟程度来说有意义的事情，
> 如果您能在我可以时，让我独自迈出一步，而不是把我猛推出去或拉回来，
> 如果您能用您的希望感受我的生活，而不破坏我对现实的感觉，
> 那么我将长大、学习和改变；

如果您能记住，我像您一样，失败后再试需要勇气，

如果您能理解，我必须自己弄清我是谁，

如果您在我想要时让我自己寻找自己的路，而不是为我选择您认为我该走的路，

如果您用您的爱感受我的人生，而不破坏我自由呼吸的空间，

那么我将长大、学习和改变。

孔子曾这样回顾自己的一生："吾十有五而志于学，三十而立，四十而不惑，五十而知天命，六十而耳顺，七十而从心所欲，不逾矩。"（《为政》）意思是说："我十五岁就立志学习，三十岁就能够独立做事情，四十岁不糊涂，五十岁就明白天命，六十岁时听人说不顺心的话也不生气，七十岁可以随心所欲却又不超出规矩。"这正是一个循序渐进的成长历程。

习近平总书记在2014年"五四"讲话中倡导：青年学生要笃实，扎扎实实干事，踏踏实实做人。道不可坐论，德不能空谈。于实处用力，从知行合一上下功夫，社会主义核心价值观才能内化为人们的精神追求，外化为人们的自觉行动。青年有着大好机遇，关键是要迈稳步子、夯实根基、久久为功。心浮气躁，朝三暮四，学一门丢一门，干一行弃一行，无论为学还是创业，都是最忌讳的。"天下难事，必作于易；天下大事，必作于细。"成功的背后，永远是艰辛努力。青年要把艰苦环境作为磨炼自己的机遇，把小事当作大事干，一步一个脚印往前走。滴水可以穿石。只要坚韧不拔、百折不挠，成功就一定在前方等你。

第五计　夫唱妇随

身无彩凤双飞翼　　心有灵犀一点通

在子女教育问题上，夫妻之间甚至其他家庭成员要同心同德、意见一致、相互配合，才能有利于孩子健康成长。

人们常用"夫唱妇随"来形容夫妻之间在日常生活中相互配合、和谐相处的情形。其实，夫唱妇随或妇唱夫随在子女教育问题上也显得格外重要。子女教育是父母两个人的事，虽然由于知识结构和工作条件的不同，双方承担的义务可能有多有少，但必须做到意见协调、相互配合。在几代同居的家庭中，父母和长辈之间也要相互配合、协调一致。如此教育，才能收到良好的效果。《易经》里说："二人同心，其利断金；同心之言，其臭（音秀，香气）如兰。"意思是，两人心意相同，犹如利刃可以切断金属；心意相同的言语，其气味像兰草一样芬芳。在子女教育问题上，夫妻之间甚至其他家庭成员就是要同心同德、意见一致。

教育的一致性是有效性的保证。在现实生活中，有的家庭在子女教育问题上处理得并不够好，其中一个重要原因并不是由于夫妻没有注重教育孩子，而是由于没有配合好，丈夫实施的教育目的和方法，妻子很不以为然，或者相反。结果，一个唱戏，一个拆台；一个管，一个纵；一个教，一个否，最终搞得孩子无所适从。

　　比如，孩子看中了商场里卖的电动汽车玩具。妈妈觉得太贵，拒绝了孩子的要求。过了几天，孩子趁和爸爸去商场的机会，提出了同样的要求，结果顺利地得到了心爱的汽车玩具。这样的结果让孩子认为爸爸比妈妈好说话，在妈妈那里行不通的事可以找爸爸。其实这时最好的做法是，爸爸即使要满足孩子的要求，也应该与孩子妈妈商量，然后告诉孩子妈妈同意了爸爸才给你买的。

　　在如何教育子女的问题上，夫妻之间难免有分歧，但这种分歧必须在夫妻之间协商解决，通过争议、平等地发表各自的看法，最终取得一致的意见，实在不能取得一致意见，可以先实行一方的建议，看效果如何。如果可行，就继续坚持；如若不行，就加以修正，或换一套方法。切不可将这种分歧在孩子面前摊牌，甚至争吵，各执己见，互相攻击。俗话说："智者千虑，必有一失；愚者千虑，必有一得。"在子女教育问题上，夫妻双方应该在借鉴其他家教经验的基础上，结合自己孩子的实际情况，共同协商制定一套适合自己孩子的教育模式和方法，而不能固执己见，搞专制主义。

　　由于知识结构、性格等方面的原因，可能有一位家长更适应对子女的教育，对子女的关照也更多一些。另一位家长则要当好配角，通力合作。一方在孩子的学习上多费些心思，另一方在孩子的生活上多予以关照。夫妻双方各尽其责，各展其用，共同把子女的教育工作做好。

　　夫唱妇随，一个很重要的方面就是要正确对待和处理孩子的缺点和过错。当发现孩子有缺点和过错时，夫妻双方应同心协力及时加以克服和纠正。不能一方管教，另一方则以"孩子不懂事"为由加以庇护。夫妻一方在指责孩子时，另一方应加以协助，说明为什么不能那么做，错在哪儿，使孩子从小树立是非观念，养成知错必改的好习惯。最糟糕的是，一方在训斥，另一方来"护短"，结果夫妻之间大吵大闹起来。

　　在现实生活中，夫妻教育不一致有客观原因，也有主观因素。客观上，可能父母亲当中有一人显得强势，一人显得弱势，比如父亲借助特殊的经济地位，显示自己是家里的顶梁柱，孩子可能会衡量轻重，选择与强势的一方站在同一阵线，而使亲子关系失衡；主观上，有时父母间教育方式不一致，主要是为了拉近各自与孩子之间的关系，即当孩子显得比较喜爱父亲时，父亲会显得满足；有时母亲也故意诱导孩子喜欢和偏向自己："歌里唱的好啊，世上只有妈妈好，有妈的孩子像块宝嘛！"不过，当父母为了讨好小孩儿而出现种种不科学的取悦举动时，就可能会干扰教育，而使孩子产生投机的心理，如：有需要时，孩子就会偷偷地向一方索取。长期如此，容易形成较扭曲的人格特质，例如：无法客观地评断事情的是非善恶、以物品来取悦他人。

父母在孩子面前要相互配合为对方建立威信，在孩子面前要多说维护对方形象的话。其实父母就是孩子心中的两面墙，如果这两面墙坚不可摧、牢不可破，孩子自然会有一种安全感。而如果一方把另一方的形象破坏了，孩子心中的一面墙变成千疮百孔了，孩子就会觉得不安全，甚至会出现自卑心理。因而，在孩子面前夫妻说话要注意分寸，不能通过贬损对方来抬高自己，防止影响对方在孩子心目中的良好形象。

当然，夫唱妇随或妇唱夫随，不是无原则地迁就和盲从，而应在平等互谅的基础上积极采纳对方的合理建议。虚心听取和采纳对方的建议，也是夫唱妇随的一个重要前提。特别是当发现一方的教育方法有失误的时候，对方及时指出并加以纠正，是正确开展子女教育的一个重要条件。在家庭教育中，搞一言堂，认着一条路走到黑，是不利于孩子健康成长的。

其实，夫唱妇随不限于直接的子女教育中，还应当包括整个家庭生活环境的营造。夫妻不和，整天吵吵闹闹，不可能形成良好的家风，不可能给孩子创造一个和谐融洽的成长环境。再说，夫妻之间整天闹矛盾，也不可能有好的心情和精力用在子女教育上。在不良家庭环境中长大的孩子，其性格往往存在问题，更不用说直接影响着孩子的学习成绩了。夫妻之间的隔阂不一定因为孩子，但至少夫妻因为家庭琐事争吵的时候，没有把孩子放在重要的位置，只是考虑夫妻自身情绪的发泄，没有照顾子女的心理感受。为了子女的健康成长，夫妻之间要多沟通、好配合，创造和谐家庭。

不但夫妻之间要配合一致，全体家庭成员都要为孩子营造一个健康和谐的教育环境。事实上，家庭成员都是家庭教育的一员，需要每个人共同努力营造一个温馨、和谐、尊敬他人的家庭氛围。孩子的第一任教师是他身边的亲人，尤其是他的父母、爷爷奶奶、姥姥姥爷，孩子从出生起就开始模仿长辈，模仿身边人的言行。夫妻之间，甚至长辈之间关系融洽、相互配合、同心协力，才能共同促进孩子的成长成才。在家庭成员之间，往往表现为"隔代亲"现象。即爷爷奶奶、姥姥姥爷与孩子关系更亲密。但老一辈又往往容易溺爱孩子，在教育观念上也存在差异。这就要求父母与长辈之间加强沟通，引起注意，把握好关爱与溺爱的区别。

现在，随着计划生育开展、子女数量的减少，出现了爷爷奶奶、姥姥姥爷都争着带孩子的现象。结果长辈们为了带孩子就想方设法笼络孩子，甚至为此搞得家庭之间关系紧张。这样一闹，反而对孩子的成长产生了许多负面影响。夫妻之间要做好沟通调解工作，长辈们要为孩子的健康成长着想。即使有些分歧和误会，也尽量不要在孩子面前吵闹。在孩子的教育培养问题上，不妨也来个"效益优先，兼顾公平"。就是首先考虑有利于孩子身心的健康成长，同时考虑双方家庭的亲子权利和利益，以此为原则相互协商。因此，夫唱妇随、相互配合、相互支持，营造一个好的生活环境是家庭教育的关键。

第六计 借花献佛

转益多师是汝师 择其善者而从之

家长要善于借鉴人家的好方法、好经验，同时也要善于观察学习其他儿童的优点和长处，用以激励和教育自己的孩子。

孔子曰："三人行，必有我师焉。"意思是三个人在一起，就必然有人可以做我的老师。家庭教育既是每个家庭的事情，也是全社会乃至全人类的共同的事业，所以要更好地教育和培养子女。在此过程中，家长必须善于与其他家长相互交流，借鉴人家的好方法、好经验，同时也要善于观察、学习其他儿童的优点和长处，用以激励和教育自己的孩子，借花献佛，取长补短。

"他山之石，可以攻玉。"家长应利用日常工作、生活、学习中的一切机会，尽量多了解、交流相互间的家教经验，如果觉得他人的教育方法有可取之处并适合自己的孩子，可以采纳其精华，并加以尝试。自己有什么成功的妙法也可向别人介绍，并不断加以总结和修正。在小农经济下，家家户户院墙高筑，鸡犬之声相闻，老死不相往来。所谓家庭教育也完全是孤立的父母对子女的自觉不自觉地影响而已。在现代社会，一个家长再坐井观天、孤陋寡闻，不仅不利于自身事业的发展和生活的兴旺，更不利于孩子的教育与成长，因为在现代社会化的生产条件下，家庭教育业已成为社会性的事业。

俗话说，"看孩子都是自己的好"。这话表达了不少家长的心态。人家夸自己的孩子漂亮、聪明、懂事，家长就高兴，但如果说自己孩子有什么不好，心里就不好受。其实，金无足赤，人无完人。孩子也是如此。做家长的最好还是现实一些、豁达一些，多看看人家孩子的长处，也不要回避自己孩子的短处，适当地把人家的长处学过来，弥补自己的短处，这样才能使自己的孩子逐步发展，日趋完美。当然，该学什么，怎么学，还要从自己孩子的实际情况出发，切不可东施效颦，邯郸学步，更不可拿人家的长处来揭自己孩子的"疮疤"，伤孩子的自尊心。

古今中外的家庭教育经验都值得学习借鉴。中国古代家庭教育既有明晰的道德理想，又有以家庭为单位的健全的组织制度，是在学校教育和社会教育之外最早的和长效的教育资源；虽然这种教育传统在近现代遭遇过人们的摒弃，但抚今追昔，尤其是通过中西文化比较，我们确有必要重审古代家教在教化天下方面留下的历史经验。

明代大儒高攀龙在《家训》中说："吾人立天地间，只思量做得一个人，是第一义，余事都没要紧。"中华传统文化对于提高人的从业素质有着至关重要的滋养之功。古代家教强调读书的目的在于提高人的素质和敬业精神，力图使读书的子弟践行一种学以致用的人生哲学。

司马光系北宋大臣、史学家，他的一生不仅自己生活十分俭朴，更把俭朴作为教子成才的重要内容。他十分注意教育孩子力戒奢侈，谨身节用。他教育儿子说："食丰而生奢，阔盛而生侈。"为了使儿子认识崇尚俭朴的重要，他以家书的体裁写了一篇论俭约的文章。在文章中他强烈反对生活奢靡，极力提倡节俭朴实，并明确指出："古人以俭约为美德，今人以俭约而遭讥笑，实在是要不得的。"他告诫儿子："侈则多欲。君子多欲则贪慕富贵，枉道速祸；小人多欲则多求妄用，败家丧身。"司马光还不断告诫孩子说：读书要认真，工作要踏实，生活要俭朴，具备这些道德品质，才能修身、齐家，乃至治国、平天下。在他的教育下，儿子司马康从小就懂得俭朴的重要性，并以俭朴自律。他历任校书郎、著作郎兼任侍讲，也以博古通今，为人廉洁和生活俭朴而称誉于后世。

古代家教为促进社会和谐、传承美德和弘扬民族精神立下了不可磨灭的历史功勋。虽然，这种教育模式在现代人看来带有"封建家长制"的色彩，但要理解古人设计这种家教模式的高明之处在于，把适应各种社会秩序及社会角色所需要的素质教育转移和分解到每个家庭来进行，并在全社会建立起一个家家有责、人人践行且代代相传的广泛而长效的社会教化机制。可以说，中国传统家教思想是中华民族对人类文明的杰出奉献。

除了中国名贤智化的教育思想，国外的经验、理念也应纳入家长的视野。美国的家长教育孩子的做法，主要注重的是培养孩子的动手能力，培养孩子的独立能力，培养孩子的创造能力，给孩子以独立的空间，让孩子视父母为好朋友。德国家长教育孩子注重的是培养一个完整的人，因为孩子是一个活泼的完整的人。最突出的表现是，培养孩子的善良品质和教育孩子的坚持原则。教育孩子爱护动物，善待生命，惜贫惜弱。法国家长把孩子看作一个完整的人，尊重孩子的人格。注重培养孩子的个性和独立能力，培养孩子的创意思维能力。英国人注重家庭的和谐，家庭成员之间彬彬有礼。父母对子女要求严格，不允许孩子被娇宠。新加坡家长教育孩子严格遵守规则，培养孩子守秩序的自制力。韩国家庭注重遵守孝道，认为只有在家中尽孝，才能在工作中敬业。

马克思不仅是伟大的革命家、思想家、理论家，也是一位非常慈祥的父亲。他教育子女的方法不是一味说教，而是将正确的思想寓于生动的故事之中，通过故事启发教育孩子。在女儿爱琳娜很小的时候，马克思就给她读完了荷马的全部作品以及莎士比亚的许多剧作。对于女儿提出的各种问题，马克思和燕妮总是给予具体又透彻易懂的解答。孩子提问题，有时提的不是时候，有时讲得过于固执，但谁也没有看见马克思为此恼怒过，他总是那么温和、有耐心。虽然，有时他正忙于其他事情，但只要孩子跑来向他提问，他都耐心解答，从来不让孩子感觉到打扰了父亲。

中国的传统观念是"人前教子，背后教妻"。维护妻子的尊严是对的，但也要考虑孩子的感受。美国人最忌讳父母"人前教子"，更不允许当着外人的面斥责孩子"不争气"、"笨蛋"、"没出息"，认为这样会深深伤害孩子的自尊心，甚至认为这是犯罪行为。中国人的传统观念则不同，如果一个中国孩子犯了错，父母若也在现场，但却没有立即批评他，那么这个父亲或母亲不仅会被看作同样的"无知"或"无理"，而且还会听到诸如："上梁不正下梁歪"之类的话。中国家长在这方面应吸取美式教育思维，将孩子的自尊心最大限度地保护起来。

众所周知，美国人十分重视培养孩子的自立精神和自立能力。我们不妨看看石油大亨洛克菲勒是如何做的。最早的洛克菲勒在教育孩子的时候，经常让孩子爬到台上去讲演，自己则作为听众。他对孩子说，你想讲什么故事就讲什么故事，你想怎么说就怎么说。洛克菲勒以此来培养孩子的勇敢，自己则在下面规规矩矩地听。孩子高兴地上去开口讲，洛克菲勒连声说，讲得好，讲得好！讲完以后他站在跟前，孩子就自己跳下来，以为爸爸会把他抱住，可是在孩子跳下的同时，爸爸离开了，孩子重重地摔了一跤，趴在地上哭泣。这时，洛克菲勒说："孩子别哭，别哭，擦干眼泪自己爬起来。"待孩子爬起来后，洛克菲勒又说："你记住一句话，今后要靠自己站住，不能依靠别人，连爸爸也不能依靠。"这就是一个爸爸对一个三四岁孩子的教育，要靠自己站住，不能依靠别人，连自己的爸爸也不能依靠。想想我们中国的孩子，上了大学还要一群家长护送上学校，每学期带回家一大包衣服让家长来洗。大学毕业多年还在啃老，成了"抱大的一代"。这样的家庭教育怎么能让孩子自立自强呢？

当然，学习借鉴他人的经验一定要和自己孩子的实际有机结合起来。每个孩子有每个孩子的个性，每个孩子都是一个世界。别人的成功经验是否值得借鉴学习，要考虑自己孩子的兴趣爱好与性格特点，该学什么，不该学什么，要尊重孩子的愿望与感受。切记不要硬与人家攀比，动不动就说："你看人家！"这样不但起不到学习借鉴的目的，反而造成孩子的逆反情绪，甚至导致孩子故意与别的孩子疏远。现实生活中发现，有的家长容易跟风，看见别人的孩子学提琴，就让自己的孩子也学提琴；别人的孩子学二胡，就让自己的孩子也学二胡；别人的孩子学舞蹈，就让自己的孩子也学舞蹈……如此一来，搞得孩子晕头转向、无所适从。

就拿子女的就业来说，既要借鉴别人的成功经验，又要充分尊重孩子的职业选择。就孩子的专业范围和知识结构来说，肯定与其他相似的孩子在就业渠道、范围、行业上有相通之处，因此，孩子如何准备面试应聘甚至考试等，都有可以借鉴的成功经验。但自己孩子的兴趣特点与就业偏向是什么，最终努力的结果是什么，往往受主、客观条件的影响。家长一定要与孩子多沟通，既要协助孩子往自己理想的目标迈进，又要客观分析当前的就业形势和自身的条件，有一个恰当的目标定位。

家庭教育是一门艺术，而且是千变万化的艺术，不同时代、不同社会乃至每一个家庭都有着不同的家教特点和要求。为了更好地促进子女的茁壮成长，家长应根据不同的时代要求，相互切磋，及时交流，不断探索和总结经验。学习和借鉴家教经验，不但要学习当代家教楷模的有益经验，还应善于学习借鉴古代和外国成功的家教经验，做到"古为今用，洋为中用"。借花献佛，助儿成功。

第七计　教学相长

长江后浪推前浪　一代更比一代强

在家庭教育中，家长的"教"与子女的"学"之间是相互激励、相互促进的。教能助长学，反过来，学也能助长教。家长与子女之间是平等的相互促进、相得益彰的关系。

有一个相声中讲道，爸爸不学无术、不求上进，没有资格当爸爸，因此今后谁当爸爸应该竞选。这当然是个笑话。不过，在知识爆炸的信息时代，当家长的要能够辅导和教育子女，不注意学习是不行的。所以，在家庭教育中，家长的"教"与子女的"学"之间也是相互激励、相互促进的。"教"能助长"学"，反过来，"学"也能助长"教"，这就叫作"教学相长"。"教学相长"不仅意味着教与学之间的对立统一关系，而且还意味着教师与学生、家长与子女之间平等的相互促进、相得益彰的关系。

《礼记·学记》中说："虽有佳肴，弗食不知其旨也；虽有至道，弗学不知其善也。是故学然后知不足，教然后知困。知不足然后能自反也，知困然后自强也。故曰：教学相长也。"意思是说，即使有美味的肉食，不吃，不知道它的味道。即使有最好的道理，不学，不知道它的好处。所以学习之后才知道自己有所不足，教人之后才知道自己也有困惑之处。知道自己有所不足，然后才能反省自己；知道自己有困惑之处，然后才能勉励自己奋发上进。所以说教导和学习是相互促进的。

孩子的求知欲是十分强烈的，所涉及的问题又往往是五花八门、无所不问。因而一个家长如果没有丰富的知识，是不容易很好地辅导和教育孩子的。"要教给孩子一杯水，你就得准备一桶水。"这话不无道理。一个家长仅靠原来学过的一些知识是远远不够的，而应不断适应工作和生活的需要，特别是为了孩子成长的需要，多学一些现代知识。为了孩子，随着孩子的发育和成长而不断学习了解一些新知识，不但可以更好地教育子女，而且也使自身得到提高和完善。现在，国家倡导建设学习型社会，是适应时代的要求而提出来的。为此，每个公民应树立终身学习理念，不断充实自己，丰富提高自己，为学习型社会建设作出自己的贡献。须知，培养孩子、教育孩子的过程，也是家长自我发展、自我提高的过程。一个好家长应该视为了孩子而学习为一种乐趣。相反，不求上进，固执己见，成天沉溺于打扑克、"修长城"，或热衷于传播小道消息，成天东家长、西家短，面对孩子的种种疑问，却简单粗暴地斥之以"烦死了！""问老师去！"这样的家长不但会耽误孩子的成长，而且也丧失了自身生命的价值。

所谓"教学相长"，其中一个十分重要的方面就是要注意随着孩子年龄的增长、知识的提高，不断改进教育方法和技巧。无论是德育、智育还是其他方面，老是用教小孩的办法，或老是重复一种模式，就会失去吸引力，不能引起孩子的兴趣，也就不能很好地教育、说服和引导孩子。水涨船高，孩子大了，知识面广了，教育方法也必须随之发展变换。

"教学相长"还要求家长要放下架子，甘当小学生，善于从孩子身上学习一些有益的东西。家长虽然经历多，但不见得什么都懂，什么都会，更不见得什么都对。孩子虽小，但有些想法和做法可能是很有启发意义的，家长应该善于吸收和借鉴。有时候，家长囿于一些传统的习惯、成见，不能正确地认识和处理问题，而小孩却没有什么条条框框的限制，反而会客观地认识和判断事物。像《皇帝的新衣》故事里所讲的，大人们都认为皇帝换上了一件新衣服，不敢说实话，只有一个小孩敢于说皇帝并没穿衣服。在一些家庭问题上，虚心听取一下孩子的意见，也许会办得更好些。面对孩子的意见和建议，有些家长惯于说："毛孩子懂什么，一边玩去！"岂不知有时会有这样的情况：不听小孩言，吃亏在眼前。

想做到"教学相长"，建立和谐、平等的家庭关系很重要。传统家庭观念把父母当作绝对权威，奉行的是"天下无不是的父母"，这样的家庭关系连长辈与孩子的平等交流都很难，更谈不上"教学相长"了。要懂得尊重孩子，家长每天面对的是个鲜活的生命，他（她）有着自己的思维、意识，有着自己的人格、尊严，有着自己的观点与见解，特别是正值青春期的子女，无论是心理还是生理，都有着成熟与不成熟的两面性，这个时候的孩子有着极强的自尊心，总希望得到别人的尊重与理解，尤其是家长与教师的尊重与理解。由于生活经历与社会阅历等诸多原因，导致孩子在看待问题和处理问题上可能出现这样或那样的问题或错误，这时需要家长的随机应变，因时、因地、因人而异，采取冷静思考后作出最明智的处理，更加考验家长处理突发事件的能力。总而言之，绝不能挫伤孩子的人格与自尊心，相反，要对他们采取行之有效的、积极的教育，达到既能让孩子认识到自己的错误，同时也不会打击他的积极性，让事情向好的方向发展，既达到教育子女的目的，也不会造成家长与子女之间的隔阂。相反，如果家长工作方式粗暴，工作方法简单，其结果不但伤害了孩子，同时也伤害家长自己。从今以后孩子对家长产生仇视心理，在行动上采取排斥的态度，就不可能达到"教学相长"的目的。

"教学相长"还有一层意思，就是要鼓励和支持孩子敢为人师、互帮互学。有一位小学生在兴趣班上学美术，老师表扬她画得很好。不知怎么，她自己萌发了一个念头，要招集其他小同学教他们学画画。家长认为这个想法很好，便热心支持她。果真招了五六个小学生，她一边教一边练，还真像那么回事，既提高了自己的绘画能力，又帮助了其他小朋友。

家长教育水平的提高还有一个非常重要的因素，那就是家长的自我成长，包括知识方面的成长，也包括生活方面的成长。现代教育不是需要一个只会将知识传递给孩子的家长，而是需要一个复合型的新型家长，现在知识更新得快，需要家长养成终身自学的习惯，除了知识方面的学习外，还要注意学习一些教育教学理论，用于指导我们的家庭教育。

社会在发展，时代在前进，少年儿童可以通过各种传播媒介了解许许多多的知识。有些东西是健康的、有益的，有些东西可能是不健康的，甚至是十分有害的。特别是随着网络技术的发展，信息传播渠道呈现多元化趋势，有些不良信息也通过互联网得以传播蔓延。道高一尺，魔高一丈。做家长的要学习掌握网络应用技术，并善于教育和引导子女，区别真假，明辨是非，保障孩子身心健康。同时，为了跟上时代的步伐，要不断学习，不断提高，活到老，学到老。要创建学习型社会，首先要构造学习型家庭。为了孩子，为了未来，这样做是值得的。

第八计　寓教于乐

知之者不如好之者　　好之者不如乐之者

要使孩子从娱乐中受到启迪、在娱乐中增进智慧。一个好家长，不仅要让孩子乐，还应积极地参与，做到与子同乐，这样会收到更好的效果。

孩子自有孩子的特点，那就是好奇、好胜、贪玩，具有儿童的天真和乐趣。所以对儿童的教育就不能完全像对待大人那样按部就班，而应寓教于乐，使孩子从乐中受到启迪、在乐中增进智慧。一个好家长，不仅要让孩子乐，还应积极地参与，做到与子同乐，这样才会收到更好的效果。有位教育家说过：谁能让孩子的求知兴趣保持稳定和持久，谁就能教育孩子成才。

在我们的传统文化中，往往把学习与痛苦联系起来。所谓"头悬梁，锥刺股"，"梅花香自苦寒来"，"学海无涯苦作舟"。似乎只有忍受痛苦，才能完成学业。相反，如果我们在孩子生命的早期，向他传达了关于学习的正确理念，经过正确引导，使他把学习与快乐联结在一起。为了寻找快乐，他会自动进行学习的行为，不断提高学习能力，取得好的学习成绩，被老师和家长肯定和表扬，进一步增强他的自信心，增加学习的动力。

鼓励孩子快乐学习，并不是说就任由孩子玩耍，不需要管束、引导和教育，而是要使孩子既能玩得开心，还要玩得有意义。给孩子适当买一些智力玩具，有条件的话还可以组织一些智力游戏等。孩子在娱乐中自然会遇到许多弄不懂的问题，家长可以积极地加以诱导、启发，及时解答孩子提出的问题，或者介绍玩具构造的基本原理等。有些简单的玩具可以教孩子自己拆卸、安装，还可以和孩子一起制作玩具。孩子往往喜欢模仿大人劳动，大人做什么，他（她）也想做什么。这时大人可能会嫌烦，觉得孩子越帮越忙，甚至加以呵斥、阻止。其实最好的办法，是给孩子制作一套小工具，让孩子在保障安全的条件下学着制作一些模型。有时间和机会，还应多带孩子到自然中、公园里，让孩子接触识别一些自然景物和动物，学会观察大自然，还可以针对不同的自然景观引导孩子做一些简单的诗歌等。

与子同乐可以密切家长与孩子之间的感情，在共同的玩耍、游戏中了解孩子的兴趣、爱好、想法。有一次，电视上播放了一个关于"吹画"的节目，我们感到很好奇，于是，我就和孩子一起学着"吹画"，每人用一张纸，滴上点墨水，先吹成梅花的枝干，然后再用五个手指头并在一起，蘸上红色印油，点成一朵一朵的梅花。吹完了，相互比较一下，看谁吹得最像梅花，交流一下经验。

"创新工场"董事长兼首席执行官李开复认为，家长如果在孩子面前只是一位高高在上的长辈，把孩子作为成人的附属品，孩子就会变得保守、胆小、被动和听话。但他认为，"这种孩子在30年前的企业是受欢迎的，但是今天已经过时了，我们今天希望培养的孩子是快乐的、乐观的，是能够信任父母、能够彼此倾诉、能够爱自己也能爱别人的人。所以，我做爸爸总是告诉自己要放下架子，像一个朋友一样，拿出时间跟孩子疯玩，让孩子有话都跟我说。"

再比如，为了帮助孩子学好汉语拼音，可以让孩子自己制作拼音卡片，家长在一边帮助指导。将23个声母和24个韵母分别写在卡片上，然后各抽取一张声母和一张韵母拼在一起，让孩子自己拼读音节或词语。再制作四张声调片卡，和抽取的声韵母一起做声调练习，如bā、bá、bǎ、bà 。这种拼音卡片还可以当作扑克来玩：为了让孩子熟练地识别字母及其先后顺序，假定每个声母或韵母的第一个字母为最小，最后一个为最大（或反过来）。两个以上的人来玩，将卡片洗好，每人摸几张，有b或a者先出，谁先出完谁是第一名，以此类推。最后一名罚唱《声母歌》。家长与孩子一起玩，健康益智，增进知识。

与子同乐还有益于家长特别是孩子的身心健康。一个和睦、愉悦、幸福的家庭环境，不仅是成年人所渴望的，而且对于发育成长中的孩子尤为重要。相反，不和谐的家庭环境对儿童的身心发育会产生不良的影响，严重的还会造成孩子心理的变态。很难设想一个在呵斥、争吵、打骂或沉闷、寂寞的家庭中成长起来的孩子，会有良好的德智体素质。

研究表明，游戏、爱和工作是鼓励人们在一生中不断思考和行动的三大内在动力。美国《国际先驱论坛报》2006年10月10日刊载了戴维·埃尔金德的文章：《游戏的隐性力量》。文章说，在世界动荡不安、全球化进程不断加深和科技取得爆炸性进展的年代里，腾出点时间与孩子游戏似乎太过奢侈。但美国儿科学院最近发表的一项研究报告指出，游戏对儿童身心的健康发育、良好的交际能力及情感的培育发挥着至关重要的作用。不幸的是，现在许多小学已取消短假以延长学习时间，甚至连幼儿园的孩子都要考试、做家庭作业。课后辅导和集体运动大量抢占孩子们无拘无束做游戏的时间。

保存下来的游戏，其方式也发生了改变。过去的夏令营组织游泳、划船、爬山、篝火会和故事会之类活动。而今取而代之的是专门进行体育比赛、计算机学习或备战考试的夏令营。骑自行车的人越来越少，而打电子游戏——据称是教授计算机技能——的人则越来越多。

而今，随着整个儿童产业都在推销各种各样的电子游戏、CD和婴幼儿"教育玩具"，连幼年都不再被视为是游戏的年龄。他们的说法也不够巧妙：没必要做游戏，那是懒虫们做的事。这反映出人们对游戏在人类生活中的作用存有根本性误解。

事实上，通过游戏，我们不仅让世界因我们而改变，还创造出许多新的学习经验。正是通过爱，我们才得以表达我们的心愿、感觉和情感。而通过工作，我们可以适应大自然和社会对我们提出的要求。

工作和游戏被视为一对矛盾，而它们实际是一种互补关系。在三大动力一起发挥作用的时候，所有努力都将获得最好的成效。

在学校，当孩子们把自己的想法（游戏）带入课堂的时候，就会产生积极动机（爱），而他们也就能更有效、更持久地学习。

在家庭和单位也是如此。那些听取孩子意见且让孩子参与一些决策（游戏）的家长不仅会获得尊重和爱戴，还能有效地向孩子灌输家规。在游戏教育中，家长必须根据不同年龄段的孩子，设计不同的游戏项目，引导孩子积极创新、学会创意、善于创造，舒解平时的身心压力，激发儿童的创造精神和团体意识，培养儿童的创造性人格。不能仅仅为了玩而玩，更不能玩那些低级趣味的游戏，或者沉迷于网络游戏而不能自拔。

谈到网络游戏，自然要说一说"网瘾少年"问题。凡事有度，过犹不及。游戏的目的是增进儿童的学习与健康，游戏过度就走向事情的反面。有些儿童沉迷于网络游戏不能自拔，严重影响了正常的学习生活，甚至受不良网络信息影响而误入歧途。对此，必须多管齐下，综合治理，从源头上规范网络游戏的生产活动，严格禁止带有色情、暴力倾向的电子游戏生产上市；严格规范网吧的经营管理，禁止未成年人参与网吧游戏；必须加强学校与家庭的积极配合，通过思想教育和心理疏导，关心引导青少年防止和杜绝网瘾，把精力用到学习上来，促进青少年健康成长。

第九计　藏息相辅

问渠那得清如许　　为有源头活水来

帮助孩子恰当地处理好课内与课外知识的关系，使两种知识的学习相辅相成，才更有益于孩子的健康成长。

"藏息相辅"是古人所倡导的一项教学原则。认为学习应该包括校内的正业和在家的居学两方面。"正业"即课内学习，"居学"即课外学习。两者既有区别，又互相配合。有的家长误认为家庭教育仅仅是辅导孩子做作业，一旦发现孩子看课外书就认为是不务正业，这是不对的。实际上，帮助孩子恰当地处理好课内与课外知识的关系，使两种知识的学习相辅相成，才更有益于孩子的健康成长。

孩子入学以后，学校里开设的课程是比较正规、比较系统的，这已成为孩子接受知识的一个主要渠道或来源。但孩子在课堂上学的东西毕竟还是有限的，况且有的教材已使用多年，其中有的知识已不太适应目前的社会生活。如果让孩子整天死啃书本，上课记笔记，课后对笔记，回家背笔记，长此以往会把孩子训练成古板僵化的"书呆子"。如果恰当地处理好课内学习与课外学习的关系，是会对孩子的智力发展和健康成长有益处的。科学飞速发展的今天，那种"两耳不闻窗外事，一心只读专业书"的学习方法，已不适应于现代人才的培养了。当然有的家长做得过头，完全否定了学校的正规教育模式，把孩子放在家里自己教育。这样做也是不可取的。因为学校的教育活动是比较规范和系统的，而且孩子只有在学校中才能更好地融入群体之中，学会与人相处，更好地实现社会化。

首先，把课内学习与课外学习有机结合起来，有益于孩子扩展知识面，多长些见识。常言说见多识广、少见多怪。要培养出一个视野开阔、全面发展的好学生，仅靠学校内的正规教育是不够的，还需要孩子多学习了解一些课外知识，了解一下"外面的世界"。在这方面，做家长的应多费点心思，自己从观念上要端正，要帮助孩子选一些合适的课外书或其他学习用品，正确处理好课内学习与课外学习的关系，不要"喧宾夺主"。有位小朋友在一档电视节目中说："我更喜欢读书，我觉得在书中，我好像也可以奔跑起来。"这话深深感动了在场的评委。所谓"读书破万卷，下笔如有神"。正如古代哲学家朱熹在《观书有感》中所写的：

半亩方塘一鉴开，

天光云影共徘徊。

问渠那得清如许，

为有源头活水来。

当然，家长还要及时解答疑难，让孩子尽量多了解一些课内所学不到的知识。家长要引导孩子无论读书、看电影、电视，要进得去、出得来。甚至有些虚构情节要分清是非真假。前些年，媒体报道有几位小学生被某电视剧中的"阴曹地府"所吸引，出于好奇就购买了些老鼠药吃了想去所谓"阴曹地府"看看，结果一去不回。一方面，这就要求电视电影制作者要提醒少儿注意，不要模仿；另一方面，家长也要告诉孩子有些情节没有科学依据，不要模仿或实践。

其次，把课内学习与课外学习有机结合起来，能够一张一弛，使孩子感到学习的快乐，提高学习效率。如果将孩子的注意力老是固着在课内所学的那些知识上，就会使孩子的大脑皮层出现抑制状态，兴趣减退，反应迟缓。硬性限制孩子看课外书，回家就趴在那里做作业，完全成了机械劳动，孩子感到学习是一种负担，似乎在为家长而学、为他人而学。这样的学习效率可想而知。如果放学后，放下书包，先看点课外书，或做些有益的游戏，既可以学到别的知识，又可以使紧张的大脑松弛一下，进一步激发孩子学习的欲望，再复习课本做作业时也会精力集中、效率倍增。我在上小学的时候，有位同学的哥哥是图书室的管理员，这位同学经常从家里借一些书给我看。通过阅读，增长了见识，也提高了我的阅读能力和写作水平。从小学到中学，我的作文经常被老师当作范文在班上朗读或印发给同学们阅读。课外阅读使我十分受益。

最后，把课内学习与课外学习有机结合起来，有益于孩子的全面发展和身心健康成长。孩子在课堂上学到的东西需要亲身实践，否则死记书本也不见得掌握了有用的本领，反而会出现"高分低能"的现象。有些课外知识，譬如有益于认识社会、了解人生的一些社会伦理知识，课堂上学不到，而对于孩子今后适应社会、走向社会却是必须的。做家长的就应根据孩子的年龄、身体发育状况等条件适时地加以介绍，使孩子真正成为一个拿得起放得下的有用之材。"要么读书，要么旅行，让孩子们的身体和灵魂总有一个在路上。"——这是2013年11月第十一届"全国基础教育学习论坛"上一位嘉宾的发言题目，也是国内外与会者的共识："读万卷书，行万里路"的教育理念永不过时。

相对于正常教学来说，假期是指导孩子集中阅读、练笔和体验生活的好机会。假期中，孩子没有了在校学习的时间限制和作业压力，可以静下心来多读书、多练笔、多体验，做好积累的工作。但是，假期的实践活动也不是越多越好，要有适当的量，既不能让孩子把时间白白地浪费掉，又不能加重他们的负担。假期中的各类实践活动开展得好，不仅能弥补孩子校内学习的不足，而且能使他们充分认识学习与社会生活的紧密联系，从而更加积极主动地学习，促进学习成绩和自身综合素质的全面提高。家长要积极创造条件让孩子参加社会实践，通过社会调查、参观访问、暑期社会实践等形式，让孩子在实践的切身体验中提高知识应用的意识和能力。

《红楼梦》里有一副对联，说"世事洞明皆学问，人情练达即文章"。意思是说，把世间的事弄懂了处处都有学问，把人情世故摸透了处处都是文章。世间的万事万物，如果能深入洞见，能明了个究竟，就能称为是有学问的，学问之道，不在死读古书，搬弄知识，而在于明了世理；人间情势，复杂而丰富，如果能熟练地了解各种情缘，能通达各种情理，那就有了写文章的根本，文章之道，不在咬文嚼字，而在于写出通达人情的深刻性。

在家庭教育活动中，应当积极发挥"第二课堂"的作用，集游戏与创新于一体，引导孩子搞各种小发明、小革新，培养儿童自主创新的探索精神和实际动手能力。在这类活动中，孩子开始真正的创造活动。孩子经常参加这些活动，不仅可以扩大视野、启迪思维，而且可以选择自己感兴趣而课堂教学未触及和深入的问题去研究，培养自己的创新能力。还可以聘请教育专家开展以孝心、环保、爱心和团队精神等为核心的情商教育，培养儿童兴趣，调动青少年参加实践活动的积极性，帮助树立健康、乐观、向上的心态。引导儿童在社会中体验生活，学会适应社会、学会待人接物等。通过教育创新，实施快乐教育，做到"让每个孩子都享受快乐、让孩子每天都充满快乐"，达到益智育人的目的。课内与课外相辅相成、相互促进，二者有机结合，是教育改革的重要措施和重要环节。由于孩子在课外活动中使自己的志趣、爱好得以充分发展和表现，因而也就更有利于家长因材施教，发现人才、培养人才，特别是立志于从事某一专业方面的专门人才。

"藏息相辅"的主要目的，是课内课外有机配合引导孩子形成健康的人格。我国当代著名国画大师李苦禅认为，人格是一种教养，是通过教育而养成的一种品质和习惯。优秀的人格来自良好的教育和习惯的养成，两者缺一不可。人格不是天生的，完全是后天和教育的产物。孩子的教育是"灵魂"的教育。只有家庭与学校、课本与生活有机结合，才能促进孩子内心世界与外部世界的和谐，形成和谐的人格。一般说来，积极、优秀、健康的人格应该包括以下几个方面：（1）智力正常；（2）明确的自我意识；（3）情绪稳定乐观；（4）人际关系融洽和谐；（5）良好的情绪调控能力；（6）良好的社会适应能力；（7）人格品质相对稳定。显然，健康人格的养成，不是仅仅靠学校教育或书本知识能够实现的。

第十计　扬长补短

尺有所短寸有所长　　扬长补短助儿成长

对子女的教育培养，必须从实际出发，扬其所长，补其所短，帮助孩子变消极因素为积极因素，充分发挥其潜能。

有一个《骆驼和山羊》的小故事，说的是骆驼很高，一抬头就能吃到树上的叶子，而山羊却够不着。可是山羊因为矮却可以钻过篱笆到羊圈里，吃到又肥又嫩的青草，而骆驼则不能。于是它们一个说高好，一个说矮好，互相争执不下。其实，高与矮各有其长处，也各有其短处。人也是这样，各有所长，各有所短。家长要接受孩子的与众不同，每一个孩子都是一个独特的世界。金无足赤，人无全才。《学记》中曾倡导"长善救失"的教学原则，意思是对子女的教育培养，必须从实际出发，扬其所长，补其所短，帮助孩子变消极因素为积极因素，充分发挥其潜能。

由于遗传及其他因素的影响，一个孩子往往在某一方面有优势，而在别的方面则不那么突出，甚至是比较弱的——这种此优彼劣的状态是很自然的。比如，有的孩子形象思维比较发达，而抽象思维则不那么灵敏；有的表达能力强，而运算能力则差。兴趣爱好，也有很大差异，有的喜欢画画、写字，对弹钢琴则兴趣不大。家长应注意发现孩子的优势所在和兴趣所至，并及时地加以培养和发展，而不要受各种"热"的干扰，仅仅从自己的主观愿望出发，强迫孩子学这干那赶时髦。有的家长在"钢琴热"时要孩子学钢琴，"书画热"时让孩子学书画，"体操热"时又送孩子学体操……结果搞得孩子晕头转向，无所适从。

"钟不敲不响，剑不磨不亮"。孩子究竟有哪些方面的长处，对什么最感兴趣，需要在日常生活实践中逐渐摸索发展。家长要利用各种机会让孩子多听、多看、多练。比如，有一位小女孩，平时很文静，胆子小，但对游泳这样比较激烈的运动却特别爱好。她不到三岁下了几次水，四岁多学会游蛙泳，在游泳池里如鱼得水，从几米到十多米，最后增加到一百米，甚至得到行家的认可，回想当初，如果家长不带孩子去游泳，就不会知道孩子还有这个长处。因此，孩子的长处和短处总有一个发展和显露的过程，家长对它也有一个认识过程。

长和短都是相对的，而且也是发展变化的，有的还可以互换位置。家长必须从实际出发，注意其发展变化，扬长补短。一个人的成才，往往受各种因素的制约，既有家庭的因素，又有学校和社会的因素；既有智力的因素，也有非智力的因素。家长要尊重孩子自身的选择与努力，不要一厢情愿，硬性设计某种理想的模式，逼着孩子去适应。有时候由于一时的弱点或缺陷，却可能以此而发愤，从而转化成优势。据说，古希腊大演讲家苏格拉底原来的语言表达是有障碍的，为了苦练口才，他曾嘴含石头训练，冬练三九，夏练三伏，每日不辍，苦心人，天不负，终于练就了三寸不烂之舌，成为一流的演说家。

扬长补短是密切相关的，在扬其所"长"的同时，且不可忽视补其所"短"，因为如果忽视了补"短"，也会影响到"长"的发挥与发展。各种知识技能之间既有一定的区别，又有着内在的联系。要集中主要精力学习掌握一门知识、一种技能，但又需要其他相关的知识技能作补充和辅助。所以，在儿童的早期教育中，家长如果有意识地进行综合训练，防止单一化的培养，只要坚持循序渐进，持之以恒，让孩子在智能上获得全面发展，是完全可能的。

扬长补短要勇于运用迁移方法，也就是多维度地构建孩子强弱项间的"搭桥方案"。一般来说，儿童的优势智力领域的内容可用于其他领域。例如，如果孩子在电脑操作上胜人一筹，可建议他针对某项操作技巧作一份说明，并向其他儿童现场演示讲解。另外，学习风格也可以迁移，例如，某位以唱歌舞蹈为优势的儿童，学习时表现出特别的兴趣与耐心，在阅读上可能一遇困难就心烦不已。此时强项中表现的风格就是探索其与弱势领域的切入点。再如，如果孩子在音乐与舞蹈上有天赋，那么诗歌中的韵律以及朗读课文时的抑扬顿挫都可能成为引导他对语言文字感兴趣的突破口。特别需要指出的是，家长在引导和帮助孩子实现这种迁移中起着关键作用，因为研究已经证明，儿童不会自动完成迁移，他们需要家长和老师的帮助。

需要注意的是，"扬长补短"是指人在表现和发挥自身能力的时候采取的一种策略，而不是指在培养和引导儿童成长时的原则。孩子的优势天赋应该及时捕捉，给予孩子发展所需要的支持。科学地"扬长"是应该的，但要注意不要揠苗助长。所谓的"短"处，因为儿童的可塑性很大，发展的空间和可能性都很大，优势和弱点都是相对的，现在的短处未必不能在将来变成孩子的长处。也不要让孩子很小的时候就通过大人的判断，认定自己什么方面好，什么方面不行，这样会影响孩子某些方面的自信，导致弱的方面更弱。

同时，"扬长补短"是指学习他人的优点弥补自己的不足，而不是抑制自己的长项而去发展短项。人的全面发展并不意味着各方面均等地发展，每个人都有自己的优势和弱点，这是很正常的，别奢求孩子样样出色，也别因此束缚了孩子的个性。儿童或同学之间只有取长补短，才能不断进步。有这样一则寓言故事：猴子和大象都想吃到河对岸树上的果子。猴子苦于无法过河，大象则苦于无法摘果。双方协商后想出了个办法：大象驮猴子，过河后，猴子上树摘果。结果它们都吃到了果子。这就是彼此取长补短、密切合作所取得的效益。

丹麦天文学者第谷有出色的观察能力，他花了很长时间观测行星的位置，遗憾的是他不擅长理论研究，结果得出了许多错误的结论。后来，第谷请了德国天文学家开普勒做助手，开普勒观察技术不如第谷，但很有理论研究才华。结果开普勒在第谷精密观察的基础上，通过自己深刻的理论研究，终于发现了"行星运动的三定律"。显然，离开了开普勒，第谷的观察材料或许派不上用场；离开了第谷，开普勒也不会有这样伟大的发现。正是这两位学者结合在一起，互相取长补短，才在天文学领域作出了卓越的贡献。

扬长补短还要注意做好"问题孩子"的转化工作。由于种种原因，孩子出现厌学、撒谎调皮等不良现象，成了所谓"问题孩子"。对此，父母要怀有一颗爱心，要保持积极向上、健康快乐的健康心态。一对心态消极、抱怨悲观、争吵不休的父母对孩子的不良影响是巨大的。生长在善待自己、家庭和睦、拥有快乐的家，孩子才是幸福的。家长在外出谋生的同时，应切实定期加强和孩子的交流，并与学校保持沟通，密切关注孩子的思想动态。学校和家长也要定期邀请心理学专家，对孩子展开心理辅导，促进他们健康成长。还要学习并掌握一些心理学和教育学的知识和方法。大量的事实表明，加强这方面的心理健康指导，可以使孩子按学习规律去学习，讲究学习方法和用脑卫生，并注意劳逸结合、消除学习中的被动状态，从而更好地掌握注意记忆、观察、思维规律，学会学习。

总之，对于儿童，特别是婴幼儿的发展来说，一切皆有可能。长和短都可能是暂时的、相对的，不管长短都需要协调发展。教育的作用就是敏感而客观地看待孩子的长处、短处，尽可能为孩子创造健康发展的空间。

第十一计　避实击虚

有心栽树树不成　　无心插柳柳成荫

所谓避实，就是对孩子特别感兴趣成绩也好的那门课，不要一再表扬他，而是严格要求；所谓击虚，就是对孩子不感兴趣成绩也上不去的课程重点辅导，逐渐培养其兴趣，把成绩赶上去。

"避实击虚"或"避实就虚"，是指在战争中避开敌人的主力，找敌人的弱点进攻。孩子在小学乃至中学所学的知识都是基础性的，因而要求孩子应各科并重、全面发展，为以后的学习和工作打下良好的基础。可是在现实中，有的孩子很早就出现偏科现象，只对某一门课十分感兴趣，而对其他课程不感兴趣，成绩悬殊极大，长此以往，造成畸形发展，对今后的学习和工作都不利。对这样的孩子如果靠硬性的批评是不能解决问题的，而应该避其实而击其虚。

所谓"避实"，就是对孩子特别感兴趣、成绩也好的那门课，不要一再表扬他，而是严格要求；所谓"击虚"，就是家长和老师互相配合，对孩子不感兴趣、成绩也上不去的那些课程重点辅导，对孩子在这几门课上的点滴进步及时加以肯定和鼓励，逐渐培养其兴趣，让成绩赶上去。

例如，有一个孩子上初中时，对语文特别感兴趣，把主要精力都用在学语文和看小说上。每当上语文课时就精神振奋，老师经常把他的作文当作范文加以宣读，他的心里热乎乎的。可是对数理化，他一点也不感兴趣，上课时无精打采，心不在焉。课下，见了语文老师，老远就打招呼，特别亲热；而见了数理化老师则老远就躲开，如鼠见猫。父母常常批评他，数理化老师也把他当作"老大难"，这样一来孩子的逆反情绪越重。

后来，家长和老师商量了一个对策，采取了"避实击虚"的战术。让语文老师对孩子严格要求，不再过多地表扬他，并且要求他看小说要有选择地看，不要占用其他课程的学习时间；同时，数理化老师则改变对他的厌烦态度，尽量亲近他、帮助他，对他的每一个小进步及时加以鼓励，并采取指导他亲手做实验等方式培养他对数理化的兴趣。家长也不再批评挖苦他，并力所能及地辅导孩子做数理化家庭作业，帮助他树立学习数理化的信心。在消除了家长与孩子之间的敌对情绪后，家长和老师又及时向他说明学好数理化的好处和不学数理化的坏处。

这样坚持了一个学期以后，孩子的数理化成绩逐渐上升，期末考试由原来的不及格变为及格了，数学还考了80多分。更重要的是孩子已逐渐对数理化产生了兴趣，上课时认真听讲，课后有不懂的问题及时找老师解答。他的语文成绩也稳步上升，而且语文学好了，理解能力增强了，对学好数理化也有了益处。

所谓"避实击虚"，还有一层意思，就是对孩子才能的培养，不要受各种"热"的左右，而应从社会发展的实际需要出发，选择那些似乎是"冷门"而又有实际价值的专业方向。在传统社会里，孩子唯一的出路就是读书、升学、做官，所谓"学而优而仕"。在现代社会中，人们成才与就业的途径是十分广阔的，家长应破除传统观念，扩大职业的选择范围，只要是于国于民有益的工作，都可以引导孩子加以训练和争取，而不必硬去挤那"华山一条道"。

詹万生教授曾对全国十几个省（市、区）的17个实验区进行了一次调查，统计结果表明：在孩子成长的做人、求知、健体、健心、审美、实践、创新、生活八大素质中，家长最关心的前三位是求知（85.95%）、做人（83.67%）、健体（41.35%）；最忽视的前三位是实践（40.86%）、创新（39.24%）、审美（36.80%）；最困惑的是"孩子的逆反心理"、"与孩子心灵的沟通"、"面对孩子感到束手无策"。家长们普遍忽视实践、创新、审美教育，对孩子的身体健康关注度不强。为了孩子的全面发展和健康成长，家长们这些片面的教育观念是不是也需要"避实击虚"一下呢？

在子女教育中，我们还可以把知识教育与智力开发看作"实"的方面，而把孩子情商培养与情绪调节作为"虚"的方面。有些家长过多关注孩子的学习成绩与智力水平，但是往往又在这方面的教育上无能为力。对此，我们不妨做一点"虚"的工作，即注意孩子情绪的变化与调节，从小培养孩子良好的"情商"。

心理学研究表明，在现代社会中，获得事业的成功，只有20%取决于智力因素，而80%取决于非智力因素——情商。情商的意思是情绪智慧或情绪智商，与智商相对，是评价人的情绪智力发展水平高低的一项指标。1955年，美国哈佛大学心理系教授丹尼尔·戈尔曼在总结大量有关理论和实验结果的基础上，写出《情绪智力》一书。书中引用了与"智商"相对形式命名的术语——"情商"，描述了一种了解自身感受，控制冲动和恼怒，理智行事，面对各种考验保持平静和乐观心态的能力，通过综合评价人的乐观程度、理解力、控制力、适应能力等因素来测定人的智慧水平的新标准。

情商的基本内涵可以概括为两个方面：一是对自身能做到正确地认知，能妥善管理自身情绪并善于自我激励；二是能做到认知他人情绪并善于建立和谐的人际关系。情商具体包含五个方面的内容：（1）认识自身的情绪；（2）妥善管理自身的情绪；（3）自我激励；（4）认识他人的情绪；（5）人际关系的管理。情商是一个人重要的生存能力之一。情商是一种个体的品质要素，一种发掘情感潜力，运用情感能力影响生活各个层面和人生未来的关键性品质要素。高情商是优秀人格与高尚情操的完美结合。

　　马克思说过："一种美好的情绪，比十服良药还能解除生理上的疲惫和痛楚。"国外有位专家也说过："在一切对人不利的影响中最能使人短命夭亡的，莫过于不好的情绪和恶劣的心境。"一个人想获得成功，就必须大力提升自己的情商。情商已越来越引起人们的重视，甚至被纳入教育过程。

　　在生活中，我们能够体验到各式各样的情绪，比如当通过艰难的考试，你会感到高兴和满足；当找到真爱的另一半，你会感到激动和幸福……这些情绪也直接影响着我们的心理健康，甚至影响到我们在学习和工作中的行为表现。对情绪加以合理调节和控制，不仅能够促进人的健康，更能提高工作效率，改善人际关系，提高生活质量。卡耐基说："在我们生命的每一天，每个人首先面临的则是情绪管理。因此，我毫不犹豫地将情绪管理称为整个人生的第一管理。"一位心理学家说："以快乐的心情从事工作，努力与人和睦相处，并尽力使日常生活简单化，你若能做到这些，你便已经踏上成功之路了。"

　　加强孩子的情商培养，要注意激发子女的情感潜能，培养积极的心态，确立远大的目标，树立勇气和自信心。引导孩子善于把握和控制自己的情绪反应，能够觉察自己的真实情绪，及时纠正不良认知，调节自己的情绪。增强挫折承受能力，建立良好的人际关系。

　　教育引导孩子认识自我，还要管好自我。自知、自律、自强。管好自己的情绪，管好自己的行为，管好自己的金钱，管好自己的人脉和社会关系。让孩子知道，一个人如果连自己都管不好，那就不可能管好或影响别人，也就不可能取得成功。对孩子专业知识的教育也许是家长比较吃力的事情，但帮助引导孩子培养良好的情绪，搞好情商的培养，应该是家长可以做到的事情。孩子的情商培养好了，对孩子"实"的方面——即智力发育，甚至整体人格的形成，自然会有所促进。

第十二计　破缸救儿

满园春色关不住　　一枝红杏出墙来

家长应积极地鼓励孩子，善于灵活地运用所学知识，大胆地想，大胆地试。并通过讲故事、做游戏和模拟实验等方法训练孩子的应变能力。

古时候有个孩子叫司马光，在七岁那年，有一天他和几个小朋友在花园里玩"捉猫猫"的游戏。他们正玩得高兴，忽然听到"扑通"一声，原来是一个小朋友掉到水缸里去了。这水缸很大，里面装满了水，而小朋友们个子矮，力气小，怎么救人呢，去叫大人吧，时间来不及了。有的小朋友吓得跑了，有的小朋友吓得哭了。只有司马光不跑也不哭，他站在那里猛然想出个好办法：他赶紧去找了一块大石头，抱起来使劲儿向水缸砸去。水缸被砸出了一个大洞，水哗哗地流出来，掉到水缸里的小朋友终于得救了。后来，大人们都夸司马光又聪明又勇敢。这个故事对于教育和训练子女，有很多有益的启示。

有的孩子无论是智力素质还是品德素质都不差，但在处理一些突发性事件时却往往令人失望。这就要求家长应善于培养孩子的应变能力，训练孩子的应急心理。社会生活是千变万化的，正所谓"天有不测风云，人有旦夕祸福"。有许多东西的出现往往是字典里查不到的，有许多问题也不是单靠翻课本、背公式所能解决的。由此，家长应积极地鼓励孩子，善于灵活地运用所学知识，要能够大胆地想、大胆地试。并通过讲故事、做游戏和模拟实验等方法训练孩子的应变能力。

我们时常要求孩子要"乖"，要"听话"。但决不可由此而剥夺了孩子的独立性、创新性。有些时候，大人的想法不一定对，课本上说的也不见得正确，要面对新生活，面对变化多端、丰富多彩的世界，要有所发明和创新，就必须放手让孩子敢于打破常规，另辟蹊径。鼓励孩子敢于想前人所未想过的事，也敢于做前人所不能做的事。如果老是因循守旧，孩子干这也不行，干那也不对，搞得孩子手足无措，唯唯诺诺，是不可能培养出真正有用的人才的。

要破旧，要创新，要应付突如其来的变化，就需要勇气和胆略。俗话说，初生牛犊不怕虎。从小注意培养和训练孩子遇事不慌、沉着应付、急中生智的心理素质是很重要的。孩子心目中没有多少套套框框，大人就不要将那些无益的樊篱和枷锁硬套在孩子幼小的心灵上，这也忌，那也讳，东也惧，西也怕。不要忘记，当家长每晚看着孩子怀着"大灰狼"的恐惧而入睡的时候，半夜里孩子也许还会被梦中的"大灰狼"所吓醒。为什么不可以给孩子讲一讲"武松打虎"呢！如果种种清规戒律已不利于甚至阻碍了孩子的健康发展，那么就干脆将这种"水缸"打破，救出孩子，让孩子的天性得以自由地发展。

要培养孩子的应变能力、应急能力，家长必须改变传统的教育观念和教育方法，改"听话教育"、"应试教育"为"素质能力教育"，在平时的学习生活中，让孩子灵活理解和应用所学的知识。对于同一个问题，可以尝试不同的解法，鼓励孩子多探索不同的路径。例如，$7+7+7+4+7+7+7=$？这道题就有三种解法。如果机械地依次相加等于46，只能得55分；如果是$7\times6+4=46$，可得75—80分；如果是$7\times7-3=46$，可得95—100分，因为后一种算法更富有创造性、创新性。

著名教育家陶行知说过："人类社会处处是创造之地，天天是创造之时，人人是创造之人。"开展创造性教育活动，就必须充分发挥儿童的主体地位，培养他们的创新精神，充分发挥其主观能动性。值得注意的是，有些心理或思想制约和影响着儿童创造力的发挥。例如怕字当头，不敢创新；受以往失败的创伤而不敢创新；整日忙于学习无暇创新；想让团队接受自己，不敢怀疑和批评；固守已有的想法，怕担创新风险；过于迷信权威，不敢涉足创新；怕提问题显示自己无知；依赖专家，认为问题总会有人解决。诸如此类思想，直接影响着儿童的创造力。

陶行知曾提出"六大解放"，即解放眼睛，敲碎有色眼镜，教大家看事实；解放头脑，撕掉精神的"裹头布"，使大家想得通；解放双手，剪去指甲，撕掉无形的"手套"，使大家刻意执行头脑的命令，动手向前开辟；解放嘴，使大家可以享受议论自由，摆龙门阵，谈天、谈心，谈出真理来；解放空间，把人民与小孩从文化鸟笼里解放出来，飞进大自然、大社会去寻觅丰富的"食粮"；解放时间，把人民与小孩从劳碌中解放出来，使大家有点时间，想想问题，谈谈国事，看看书，干点于老百姓有益的事，还要有空玩玩，才算是有点做人的味道。现在看来，这些道理也不乏其时代价值。有了这六大解放，儿童的创造力才能充分发挥出来。

当今世界是创意的世界。硅谷和华尔街的流行语是"资本和技术主宰一切的时代已经过去，创意的时代已经来临"；韩国打出了"资源有限，创意无限"的标语；日本喊出了"创意关系到国家兴亡"的口号。理解创意，就是理解未来；把握创意，就是把握未来；引领创意，就是引领未来。

好的创意不是机械模仿，而是要"出其不意，攻其不备"，善于以奇制胜、打破常规。《孙子兵法》中说："战势不过奇正，奇正之变，不可胜穷也。"意思是，战术不过奇、正两种变化，但其间的变化却是无穷无尽的。将孙子所主张的"以奇制胜"用于创意与创业实践中，就是教导儿童创意创业要能标新立异，不走寻常路。

在家庭教育中善于打破常规，更容易激发孩子的创造力和成就感。比如，家长与子女之间角色互换，让孩子充当大人角色，给家庭问题想办法出主意，或者让孩子教家长说普通话、说外语，等等，也许要比传统的教育方式更有效。在常规教育里，我们通常是先教孩子一定规则，再让他按照规则来做。但在实际生活中，他可能会碰上更复杂的情况，这时就需要他打破常规思维来解决问题。世上有些事乍看起来有些违反常规，但实际上却合情合理，因为事物本来是复杂的，是由多种因素促成的，要想对付复杂的事物，自己的头脑就要变得灵活些，有时必须打破常规，来一点逆向思维。

传说我国古代沧州城外有一座庙宇，年久失修，一天山门坍塌了，门前的一对石狮滚进了附近的一条河中。一年后，和尚重建山门，想起还有一对石狮留在河里，于是雇人坐船到河的下游去打捞，寻找了十余里，终无所获，感到很奇怪。这时一位老船工路过这里，问明石狮沉河的经过，便叫打捞的人到上游去寻找。众人听后十分惊讶，半信半疑地怀着试试看的心情到上游去找。果然很快在上游八里外的河底找到了那两个石狮子。众人叹服老船工的指引，便探问缘由。老船工说："石狮很重，沉入河底后，河水难于冲动石狮，却把石狮下面的泥沙带走了。天长日久，石狮受水冲击的那一头逐渐形成了一个凹坑，坑越冲越大，当它深度超过石狮的一半时，石狮便向上游方向滚进坑里，这样年复一年，石狮就自然而然滚到河的上游去了。

家庭教育是千变万化的艺术，不能墨守成规。家长要根据社会生活的变化和孩子的实际情况，运用创新思维，教育和培养孩子的创新素质，不断提高孩子的创造能力。

第十三计　杀彘教子

假作真时真亦假　　诚实正直是良训

家长对子女的教育必须信守诺言，言行一致，以身作则，只有这样才能树立家长的威信，培养孩子诚信的品格。

彘，读zhì（智），古代指小猪。孔子的一位高足弟子叫曾参，又名曾子。据传，曾子的妻子要去集市，他的孩子跟在后面哭哭啼啼嚷着也要去。曾妻唬孩子说道："孩子你回去吧，等我回家给你杀猪吃。"曾子则正色说："小孩子也是不能随意开玩笑的。小孩子没有知识，只有从父母那里学得，听从父母的教导。你今天欺骗了他，这是教他学骗人。母亲欺骗孩子，孩子就不会信赖他的母亲，这就不可能达到家庭教育的效果。"于是曾子把猪杀了。在现实生活中，家长不一定都要杀猪来教育孩子，但这个故事提示人们不要对孩子搞欺骗教育，还是有道理的。

家长对子女的教育必须信守诺言，言行一致，以身作则，只有这样才能树立家长的威信。不然，你欺骗了孩子，孩子以后就不会再相信你说的话，甚至产生一种逆反心理，你让上东，他偏往西，你让打狗，他却打鸡。一时的欺骗也许奏效，但以后的教育就难了，因而只会得不偿失。更严重的是，你欺骗孩子，孩子也学会欺骗你和别人，小孩子撒谎有时比大人更富有欺骗力。人们都知道那个《狼来了》的故事。一个放羊的孩子喊"狼来了"，人们都赶过去打狼，却根本没有狼，孩子却得意地笑了。一连几次之后人们再也不听他的话了。不料有一天狼真的来了，可是孩子无论怎么喊，人们也不信，结果狼就把小羊叼走了。可见，欺骗别人，倒霉的最终还是自己。

我国近现代著名教育心理学家廖世承说："与其有知识而没有人格，还不如有了人格而没有知识。""说到做到、不放空炮"，这是男子汉的气概。古人云：一言既出，驷马难追。表现了忠于自己的诺言，说到哪儿做到哪儿的优秀品质。培养孩子的这种品质，要从日常生活小事做起，一点一滴进行培养。教育孩子言必信，行必果，说到做到，会使他一生受益，凡事认真，自强不息。根据孩子的身心特点，要适时地进行"爱国守法、明礼诚信、团结友善、勤俭自强、敬业奉献"的基本道德规范教育，使孩子养成良好的思想品质。教育实践家冯恩洪曾经说过："我们的教育要教会孩子什么？学会做人比学会做学问更重要，要引导孩子先学会做人，然后是做学问。"

要教育引导孩子从小养成不说谎的好习惯，做一个诚实正直的好孩子，家长首先要注意不在孩子面前说谎，不要口是心非、言行不一，同时要引导孩子也不说谎。如果发现孩子说谎，应及时加以劝止和矫正，而不能"不以为耻，反以为荣"，觉得孩子长大了，会说谎了。如此，孩子会觉得说谎可以得到大人的肯定与奖赏，从而混淆了是非，沿着错误道路走下去，最终树大难掰，酿成大错。要教育孩子不说谎，关键是要造成一种平等和谐的家庭气氛，使孩子形成一种健康的心态，消除产生幼儿说谎的心理因素。有的孩子说谎，往往是由于家长过分严厉，经常训斥和打骂孩子，使孩子产生一种恐惧感。比如，孩子学习成绩不太好，家长不是潜下心来找原因和下功夫帮助孩子，而是硬性要求孩子下次考试一定要考多少分。这样不但达不到教育孩子的目的，反而会使孩子的心灵扭曲，影响家长与子女之间的交流与沟通。

在现代商品社会里，提倡诚实教育似乎不合时宜。其实不然，诚实守信才是商品社会的一条基本准则。坑蒙拐骗不仅不是发财致富的长久之计，而且也是违反法律和道德的事，最终往往是害人又害己。当然，要让孩子既保持诚实的品德，又能适应社会、应对现实，在家庭教育中要根据孩子身心发育和年龄特点，适当地介绍一些社会知识，介绍家长在人生阅历中的经验教训，使孩子增强明辨是非、区分真假的能力，将来走上社会，既不骗人，也不为坏人所骗。

香港巨富李嘉诚就非常注意对孩子人格与品性的培养。他的两个儿子李泽钜和李泽楷长到八九岁时，李嘉诚就让他们参加董事会，不仅让孩子们列席旁听，还允许他们"参政议政"，学习父亲"不赚钱"、以诚信取胜的精神。后来，两个儿子都以优异的成绩在美国斯坦福大学毕业了，想在父亲的公司里施展宏图，但李嘉诚果断地拒绝了："我的公司不需要你们！还是你们自己去打江山，让实践证明你们是否合格到我公司来任职。"于是，兄弟俩去了加拿大，一个搞房地产，一个去了投资银行，他们克服了难以想象的困难，把公司和银行办得有声有色，成了加拿大商界出类拔萃的人物。

对青少年实施"诚信教育"需要家长与学校的积极配合。必须把诚信教育作为学校德育的重要内容之一。实施"诚信教育"，必须净化校园环境。在青少年的成长过程中，教育是对其影响和感化较为全面、深刻的系统，而且易于青少年所接受。可谓"好雨知时节，润物细无声"。"诚信教育"被青少年有机内化，将会在一生中发挥着持续和放大的作用。同时，还要强化家长和教师的师表作用。家长和教师要成为"诚信"的忠实实践者，为儿童作出表率。对于师德不良和不诚不信的教师，要给予必要的批评和处分，乃至追究其责任。全社会也都要关心青少年的"诚信教育"问题，学校、家庭和社会形成教育合力，营造育人的大环境，让孩子处处感到"诚信"，受到"诚信"感染，远离虚伪和欺诈，说老实话，干老实事，做老实人，讲求信用，以诚待人。本杰明·鲁迪亚德曾经说过："没有谁必须要成为富人或成为伟人，也没有谁必须要成为一个聪明的人，但是，每一个人必须要做一个诚实的人。"

在日常生活中，许多父母为了诱导孩子做某件事，总是轻易地许诺孩子某些条件，但是事后却没有兑现。孩子的希望落空后，就会发现父母在欺骗自己，他就会从父母身上得到一些经验，那就是不守信的许诺是允许的，大人的言行也经常不一致的，说谎是允许的，等等。一旦这些经验转化为孩子说谎的行为时，父母恐怕要后悔莫及了。

每位家长需知，诚信是人性一切优点的基础，世界上才华横溢的人并不罕见，但是，才华出众的人就值得信赖吗？只有诚信的人才值得信赖。诚信这种品质比其他任何品质更能赢得尊重和尊敬，更能取信于人。诚信是立身之本，是一个人最宝贵的财产，它能让孩子保持正直，挺直脊梁、光明磊落地做人，还能给孩子以力量和耐力。

阿根廷《生活月刊》上曾刊载了一篇题为"你要教孩子什么？"的文章，对家长们不无启发意义：

要让孩子懂得，生活中最珍贵的不是拥有了什么，而是拥有了谁。

要让孩子懂得，与别人攀比是不好的，因为总有人比你更好或更坏。

要让孩子懂得，"富人"并不是拥有最多的人，而是需求最少的人。

要让孩子懂得，应该控制自己的态度，不然就是态度控制了你。

要让孩子懂得，有的人很爱他们，只是不知道如何表达。

要让孩子懂得，实现伟大的梦想并不需要多大的天分，只需脚踏实地地努力。

要让孩子懂得，幸福并不是运气问题，而是正确的决定产生的。

要让孩子懂得，对待同一件事情，两个人的看法可能完全不同。

要让孩子懂得，爱和喜欢不是同义词而是反义词，喜欢是要求得到一切，而爱是奉献一切。

要让孩子懂得，越努力让别人爱你，别人离你越远；但当你对他们放手时，你已将他们永远留在了自己身边。

要让孩子懂得，信任需要很长时间才能建立，却可以在几秒钟之内被毁掉。

第十四计　孔融让梨

一个篱笆三个桩　　一个好汉三个帮

教育孩子礼貌待人，互相谦让，是儿童道德教育的一项重要内容。从小学会尊重别人，理解和帮助别人，既是一个好儿童具备的优良品德，也是现代公民应具备的基本素质。

相传我国古时候一个叫孔融的小孩，家有兄弟七人，他排行第六。孔融四岁的时候，某年某月，正好是他祖父六十大寿，来客很多。有一盘酥梨，放在寿台上面，母亲叫孔融把它分了。于是孔融就按长幼次序来分，每个人都分到了自己应得的一份，唯独给自己的那一个是最小的。父亲奇怪地问他：“别人都分到大的梨子，你自己却分到小的，为什么呢？”孔融从容答道：“树有高的和低的，人有老的和小的，尊敬老人尊敬长辈，是做人的道理！”父亲很是高兴。这个故事一直被传颂为兄弟相让无争的一个道德典型。现在的家庭孩子不多，甚至不少家庭只有一个孩子，似乎不必再提倡谦让精神了。其实不然。教育孩子礼貌待人，互相谦让，仍是儿童道德教育的一项重要内容。

在现代家庭中，孩子少了，特别是独生子女家庭里，一家人就看着一个宝贝疙瘩，自觉不自觉地形成了以孩子为中心的习惯，孩子成了家庭中的“小皇帝”、“小公主”。在家里，父母一切都让着他，使孩子逐步养成了唯我独尊的不良习惯。结果，孩子长大以后，很不适应过集体生活，不适应社会化的要求。在学习和工作中，自负任性，完全以自我为中心，不但对自身的成长发展不利，更影响了他人和集体的利益。因此，教育孩子从小学会尊重别人，理解和帮助别人，树立集体观念，既是一个好儿童具备的优良品德，也是现代公民应具备的基本素质。

孩子的礼让品德和集体观念教育必须从小时开始，从点滴小事做起，从身边做起。有的家长自己不尊重和关心家里的老人，有点好吃的就和孩子一起偷偷地吃，不给老人。这样做对孩子的影响可想而知，怎么能教育孩子长大后关心父母和他人呢？客人来了，不妨让孩子来和客人打招呼，洗好水果让孩子来分。孩子和小朋友们在一起，把好玩具拿出来和大家一起玩，不要相互争吵。要经常带孩子参加各种集体活动，条件允许的话，应尽量让孩子适时地进幼儿园，不要老是将孩子留在大人身边。

过分地娇纵孩子，不但会形成一些不良习惯，严重的还可能造成孩子的一些畸形心态或变态心理。长期形成的自我中心、自我优越感，往往会造成孩子孤僻、自负，不善于合群，不能与他人和谐相处与合作共事。在遇到利害关系时，凡事只为自己打算。有时为了达到个人的目的，不惜损害他人、集体乃至亲友的利益，严重的甚至走上犯罪的道路。

现代化生产是高度分工与高度协作的统一，要求现代劳动者不仅具备科学的专业素质和娴熟的技术，还应具备良好的协作精神和集体意识，一个自私、自负、孤僻、狭隘的青少年是不能适应现代社会发展的要求的。

孩子步入学校、社会学习与生活，自然会与各种同学朋友交往。家长要引导孩子，正确处理同学朋友间的友谊与摩擦。不要过多记恨各种误会与隔阂，对来自他人的帮助则要多一份感恩。有这样一则故事：穆罕默德和阿里巴巴是好朋友。有一次，阿里巴巴打了穆罕默德一耳光，穆罕默德十分气愤地跑到沙滩上写道：某年某月某日，阿里巴巴打了穆罕默德一巴掌。还有一次，当穆罕默德快要跌落山崖时，阿里巴巴及时拉了他一把。穆罕默德十分感激，于是在石头上刻道：某年某月某日，阿里巴巴救了穆罕默德一命。阿里巴巴十分不解。穆罕默德微笑着告诉他："我把你我之间的不快与误会写在沙滩上，是希望它在海水涨潮的时候就消失得无影无踪；我把彼此之间的快乐和友谊刻在石头上，是希望它能和石头一样不朽。"朋友间的伤害往往是无心的，不能斤斤计较。家长如果过多计较孩子们的小摩擦，势必破坏他们的友谊，影响孩子的社会化进程。

当然，对于"孔融让梨"，由于文化教育背景不同，评价也不一样。在西方的教育体系中，孔融让梨显然不符合他们对学龄前儿童的教育理念，西方学者普遍对此进行了实验。在传统的西方家庭中，一位家长为了观察孩子们之间的友爱程度，把大小不同的苹果放在桌上，任由他们挑选，在挑选的结果出来以后，家长表扬了那位选的最小苹果的那位孩子，而对那位挑选了大苹果的孩子进行了批评，其实在挑选的最初，那位选择小苹果的孩子也是想选大苹果，但他懂得选小的更能赢得大人的青睐，从而违背自己最初的意愿选择了小苹果。而这在某种程度上给了那些受批评的孩子一些启发，间接导致了孩子们学会了撒谎，过早接触了一些不良的信息。最终孩子们长大后都走上了违法的道路，然而同样的事情发生在另一个家庭，却发生了不同结果，家长鼓励挑选小的苹果的孩子，赞扬他们的友爱精神，并且表扬挑选大苹果的孩子，称赞他们勇于追求自己想要的，显然这些孩子长大后都有了不一般的成就。

家长对于儿童的友爱教育要积极引导，而不是违背儿童天性硬性要求必须谦让，更不能导致孩子从小说谎。友爱互助是儿童健康人格的体现，更是社会提倡的重要美德。爱有层次和类别之分，有小爱更有大爱，有狭隘之爱更有无私之爱。一般亲情之爱，如父母兄弟姐妹之爱，异性之间如夫妻之爱、恋人之爱，可谓小爱。小爱虽小，却是社会存在发展所必需。一个人连自己的亲人都不爱，那么这个人就谈不上对社会、国家的大爱与责任。

小爱是基础，对人类文明进步起更大推动作用的，或者说更有价值的爱是一个人对社会、国家乃至人类之爱。墨子主张"兼相爱"。孔子提出"仁者爱人","老吾老以及人之老，幼吾幼以及人之幼"。孙中山先生进而提出"博爱"的主张，强调"天下为公"，更显示出一个伟大革命家的博大胸怀。一个人对自己缺乏自尊自爱，是没有信心和能力的表现；对自己的亲朋好友没有关怀和情爱，是缺少社会化和义务感的表现；对自己的国家和人民缺乏热爱之情，则是没有实现"大我"能力和社会责任的表现。

当然，施予爱，也要接受爱。爱与被爱的能力和艺术，都是个人与社会存在和发展不可或缺的因素。著名聋哑舞蹈艺术家邰丽华说得好："只要心中有爱，就会有一千只手去帮助别人；只要心中有爱，就会有一千只手来帮助你。"印度诗人泰戈尔在《飞鸟集》中写道："想行善的人是敲别人的门，但爱别人的人会发现门是敞开着的。"注意培养孩子爱与被爱的能力和艺术，其实就是为孩子未来的人生播种幸福。

要教育引导孩子从小养成团结友爱互助的美德。学会关心他人、团结他人，不与同学闹矛盾，有了矛盾，严格要求自己；会同情他人、帮助他人，对学习、生活有困难的人，特别是残疾人，要主动上前帮助，不袖手旁观看笑话；会尊重他人、信任他人，不揭人短，不给别人起绰号。不猜忌人，坦诚待人；会容让他人、原谅他人。对别人误伤自己或者错怪了自己，不要得理不饶人，要允许人家改正错误。

2004年"感动中国"人物徐本禹，放弃城市生活，自愿到贵州贫困山区支教。他说："我愿做一滴水，当爱的阳光照射到我身上的时候，我愿意毫无保留地反射给别人。"他的行为和精神感动了全国人民。温家宝总理2006年除夕在东北大学明确提出："爱是一切道德的基础"，学校和教师对学生要有"大爱"，"对人民要有真挚的大爱"。

第十五计 防微杜渐

莫以善小而不为 勿以恶小而为之

对子女的教育和管理，必须从小时开始，并且要从点点滴滴做起，当不良行为刚露头就加以制止，不让它发展，也就是要做到防微杜渐。

传说有一个因盗窃杀人罪被判死刑的囚犯，在临刑前提出要见母亲一面。当母子拥抱痛哭时，他突然在母亲的肩上猛咬了一口。他说他恨母亲，怨母亲小时候为什么不好好管教他。在他小时候，每当从外面偷来一些小东西，母亲不但不加以制止，反而高兴地加以夸奖。后来，他越偷胆子越大，最后终于走上了自取灭亡的道路。这个故事告诫人们，对子女的教育和管理，必须从小时开始，并且要从点点滴滴做起，当不良行为刚露头就加以制止，不让它发展，也就是要做到防微杜渐。

在父母的心目中，孩子总是美好无瑕的，所以孩子的一言一行似乎都能博得家长的欢心。可是，孩子的是非观念差，不知道怎么做是对的、怎么做是错的。有的时候是偶尔不自觉地做了一件坏事，这时家长应及时采取适当的方式加以制止和劝诫，而不要以此为乐，或者以为孩子小不懂事而加以纵容包庇。有的家长，当孩子学会骂人打人的时候，往往不以为耻，反以为乐，更不去加以劝阻。久而久之，孩子已养成了难以改变的坏习惯，家长想管也力不从心了。

细节决定成败。有一首童谣里说：失了一颗铁钉，丢了一只马蹄铁；丢了一只马蹄铁，折了一匹战马；折了一匹战马，损了一位将军；损了一位将军，输了一场战争；输了一场战争，亡了一个帝国。可以看出，我们老祖宗早就洞察了这个道理。一个帝国的灭亡，一开始居然是因为一只马蹄铁上的一颗小小的铁钉松掉了。正所谓小洞不补，大洞吃苦。每次一点点的小错，最终会酿成一场灾难。也应了一句古话，千里之堤，溃于蚁穴。而成功也是如此，每天一点点的进步，最终铸就了成功人生！每天进步一点点，假以时日，克服坏的习惯，培养积极的好习惯，每天积累新的进步，我们的明天与昨天相比将会有天壤之别。

家长不要以为孩子的一些小的过失、小错误只是细枝末节，而不用去约束管制，认为树大自然直。岂不知，这些细枝末节持续生长下去，总会长成大的枝干，到那时就是树大难掰了。所以，少年儿童的品德培养，好习惯的形成，必须从平时的一点点小事做起，最重要的是要随着孩子年龄的增长，逐渐加大思想道德教育的力度，使之逐步增强是非观念和自我约束能力。

俗话说，"学坏三天，学好三年"。世上没有生来的罪犯，也没有天生的圣人。《三字经》里说："人之初，性本善，性相近，习相远。"坏人是由于长期的不良习性积累而成。每位家长都不希望自己的孩子成为罪犯，但每位家长对自己孩子的一些不良习惯却未必都及时加以劝止。当孩子第一次学会骂人的时候，当孩子第一次偷拿了别的小朋友的东西的时候，当孩子第一次说谎的时候……家长是如何对待和处理的呢？是及时教育劝止，还是置若罔闻、纵容包庇？当孩子最后做出了无可挽回的憾事，当孩子泥足深陷不能自拔的时候，家长虽没有直接责任，但却有着不可推卸的间接责任。这就是没能及早地发现和纠正孩子的不良行为，没能做到防患于未然。

近年来，青少年"罪错"问题比较严重。青少年出现"罪错"现象，往往是家长本身出现了问题，家庭教育不当，甚至缺失是重要原因。因为家庭是社会的细胞，各种社会影响会通过家庭的种种因素施加给青少年；同时家庭成员的思想、性格和教育方法等也会直接影响青少年的成长。就家庭而言，造成青少年"罪错"的原因也是十分复杂的——有的是因失去父母或在单亲家庭环境中长大，得不到家庭温暖而失足；有的备受父母的娇宠而放荡不羁；有的是因为家庭经济条件不好而违法……目前家庭教育中存在的突出问题有：

第一，养而不教。在城市，很多年轻父母因为忙于工作或不愿操心，把孩子送给老人抚养，只是过一个时期才见上一面；在农村，父母外出打工，把孩子留在家乡，交给长辈代养。在几千万留守儿童中，很多孩子从幼年起就不在父母身边。研究表明，12岁，特别是6岁之前，是亲子依恋形成的关键时期。这期间孩子如果缺少父母陪伴，就会造成安全感和幸福感缺失，给儿童的健康成长和日后人生心理埋下隐患。从许多"罪错"少年案例来看，从小缺少父母关爱和教育是一个重要因素。

第二，家长"其身不正"。有些家长自身结婚早，素质不高，不但缺乏基本的家长知识，而且自己不能成为孩子的好榜样。孩子对父母是"听其言，观其行"，通过不断学习、模仿，建立起自己的行为模式，而一些父母的言行举止却很难成为孩子的好榜样。对于这样的父母来说，教育应该从改变自己开始，提高自身素质，才能为孩子做榜样。

第三，过分强调成功且重智轻德。许多家长过分强调成功。父母只告诉孩子只要考上大学就是成功，否则就是没出息。只关心孩子的考试成绩，忽视孩子健全人格的培养。片面强调成功，且成功的标准又很单一，影响了孩子的全面发展，致使孩子人格缺失甚至畸形。

第四，传统重男轻女思想影响。在广大农村，传宗接代的思想还相当严重。不少家长还受重男轻女思想影响，有了女儿，一定还得生儿子，一旦有了儿子，往往偏爱儿子，歧视女儿，造成儿童心理失去平衡。中央电视台《今日说法》栏目2012年9月2日播出的"谁在伤口上撒盐"报道，湖南省的湘潭市，有个骗子冒充民政局干部"王艳"，招摇撞骗、屡教不改。原因是她有姐姐和弟弟，父母有重男轻女偏向。自从有了小弟弟，她就成了"旧衣裳"。6岁起跟着姥姥过，姥姥死后又重返家乡。16岁起离开家，到处坑蒙拐骗把人伤。

第五，教育方法不当。教育方法不当，往往会造成孩子的逆反心理，甚至是对抗心理，使孩子心灵扭曲，轻易犯罪。家庭教育不当主要包括：对子女过分溺爱；对子女要求过严，教育方法简单粗暴；对子女放纵不管等。

针对以上问题，广大家长一定要认真反思，处理好工作（包括外出务工）与子女教育的关系，不断改进教育方法，注意点滴积累，注重言传身教，防止孩子积习难改、误入歧途。

习近平总书记2014年5月4日考察北京大学时，谆谆告诫广大青年学生要注重品质修养。修德，既要立意高远，又要立足平实。要立志报效祖国、服务人民，这是大德，养大德者方可成大业。同时，还得从做好小事、管好小节开始起步，"见善则迁，有过则改"，踏踏实实修好公德、私德，学会劳动、学会勤俭，学会感恩、学会助人，学会谦让、学会宽容，学会自省、学会自律。这些也是广大家长对子女品德教育的基本要求。

《汉书·贾谊传》里说："少成若天性，习惯成自然。"引导孩子循序渐进、点滴积累，从小养成良好习惯、优良素质，便犹如天性一样坚不可摧。"莫以善小而不为，勿以恶小而为之"。幼儿是人生中可塑性最强的时期，也是良好习惯养成的关键时期。"风起于青萍之末，祸患常积于忽微。"家长对孩子的不良言行要及早发现、及时矫正，若视而不见、任其发展，以致积重难返就悔之晚矣。

第十六计　以身作则

听其言且观其行　　此处无声胜有声

　　以身作则就是要求家长以自己的行动为孩子做出榜样，正面引导和教育孩子。为了孩子，做父母的要尽量注重自身修养，一言一行要注意对孩子的影响。

　　常言说："身教重于言教。"这句话用于家庭教育显得格外重要，因为父母和子女朝夕相处，耳濡目染，都会对孩子的成长产生直接的影响。人们常说，"有其父必有其子，有其母必有其女"。这就说明家长对孩子的影响很大，而这种影响除了遗传因素外，更重要的则是家长的行为对孩子的影响。因此，以身作则就成为搞好子女教育的一个重要方面。

　　"以身作则"就是要求家长以自己的行动为孩子作出榜样，正面引导和教育孩子。父母子女之间的关系至亲，家长在子女心目中的位置是至高无上的，特别是孩子幼小的时候，总认为自己父母的所作所为都是对的，并自觉不自觉地加以模仿。家长要想让孩子从小看好、学好，向着好的方面发展，自己首先要为孩子树立一个美好的形象。为了孩子，做父母的要尽量注重自身修养，要注意一言一行对孩子的影响。凡是希望孩子做的事，自己要尽量做到做好；凡是不希望孩子做的事，自己也尽量不要做。正所谓"其身正，不令而行；其身不正，虽令不行"。俄国大文豪托尔斯泰说过："全部教育，或者说千分之九百九十九的教育都归结到榜样上，归结到父母自己生活的端正和完善的举止上。"1997年3月，国家颁布了《家长教育行为规范》，要求家长要做文明人，为人处世要谨慎，情趣要高雅，目标要远大，要诚实守信，言行一致，要具备开拓进取精神，等等。这些规范是家长进行家庭教育的基本依规。

家长以身作则才能行不言之教，起到不教而教的效果。著名科学家钱学森奉行家教就是"不教育"，这看似不可思议的教育理念，却充满了哲理。从钱永刚的介绍中足以体现这种"不教而教"教育理念的潜移默化和润物无声。有一次，家里的炊事员很郑重地对钱永刚说："你父亲是个有学问有文化的人。"钱永刚当时就说："这还用你说，我当然知道了！"但炊事员接着解释的话却让钱永刚记住了一辈子："你看你父亲每次下来吃饭，都穿得整整齐齐，从来不穿拖鞋、背心。这是他看得起咱、尊重咱！"钱永刚从此也向父亲学习，一直保留着吃饭要穿戴整齐的习惯。这种独特的家教法，值得我们每一位家长认真学习。

家长以身作则才能树立良好家风。好的家风就是一所学校，因为家风虽是无形的、潜在的，但对孩子的影响却是巨大的，它对孩子的成长既是一种耳濡目染、潜移默化的教育，又是孩子行为规范的"调节器"，更是陶冶孩子道德情操的天然"熔炉"。家风好，则人心正，父母慈，儿女孝，婆媳睦，妯娌和，子孙贤；家风不好，则会给后人造成不良影响。家风作为一种潜在无形的综合教育力量，它对孩子的影响是全方位的，孩子的世界观、人生观、性格特征、道德素养、为人处世及生活习惯等，每个方面都会打上家风的烙印。可以说，有什么样的家风，就有什么样的孩子，家风在培养下一代方面也起着举足轻重的作用，构建良好家风是每个家庭不可推卸的责任。

比如，孝老爱亲是我们提倡的家庭美德。在这方面，做家长的首先要为子女作出榜样，孝敬自己的父母长辈。从前，有一个不孝之子，嫌弃父亲老而无用，就准备把他遗弃。于是，他找来一个旧筐子，把父亲装在里边。然后，用车子推着走出家门，并让自己的儿子帮助拉车。到了村子外边一个水沟旁，就把老人和旧筐子一起倒进水沟里，转身推着车子准备回家。这时，他的儿子到沟里把旧筐子捡了回来，放在车子上。当父亲的说，一个破筐子扔掉算了。儿子说，不，过些年等你老了，我要用它装你。当父亲的顿时悔悟，赶紧把老人从沟里扶起来，用车子推回家好好赡养起来。不管这是故事还是笑话，类似的事情在现实生活中却在重复上演，希望每位家长引以为戒。

有一位外出打工的父亲，临近春节准备带儿子坐火车回家过年。可是，父子俩排了好长好长的队，终于挨到了售票口，售票员却说最近几天的票都已售完了。父亲听了，顿时火冒三丈，便与售票员争吵起来。可是当他低头看见小儿子那惊恐的神色，便对售票员说："对不起，请让我安静一下。"乘客们都紧张地观察着事态的发展。过了片刻，父亲一手抚摸着儿子的头，一边对售票员说："好吧，让我们想想办法，让我儿子好按时回家过年。"乘客们面对这一戏剧性的变化，都报以会心的笑声，他的小儿子则为爸爸的理智而热烈鼓掌。

以身作则还要求家长要保持言行一致。榜样的力量是无穷的。喊破嗓子不如作出样子。教育家阿贝·鲍梅尔说过："优教的关键不在于家中有多少书，家长懂得多少知识，重要的在于家长对待学习和生活的态度。"要让孩子听从教育，就必须在孩子面前树立威信，使孩子佩服你、信任你。言行不一，搞欺骗教育，只能一时奏效，长期下去不但会失去效力，还会使孩子养成不诚实的坏习惯。家长答应孩子的话要尽量兑现，家长做不到的事，也不要随便许诺。小孩子的模仿能力很强，身边的人都是他的模仿对象，所以平时家长要注意自己的言行，尊敬老人，注意清洁卫生，热爱劳动，让孩子在日常生活中受到熏陶感染，从而养成良好的品德。

只有性格才能影响性格，只有个性才能影响个性。孩子习惯的养成，个性的形成，不仅仅在于父母的说服教育，更在于家长的日常行为习惯潜移默化的影响。有位家长对孩子抱着很大的希望，天天教育孩子要好好学习，将来要有出息。可是有一天，孩子突然拿着一个小本本来到父亲面前，说："爸爸，我不用学习了。我把伯伯、舅舅、姑姑的职务、单位都记下来了。长大以后就找他们走后门。"并把本本送给父亲看，抄得对不对。一时气得父亲干瞪眼。原来，做父亲的成天热衷于拉关系、走后门，搞不正之风，孩子看在眼里，记在心里，并落实到行动上了。有些家长整天忙于应酬，不但忽视子女教育，而且自身一些不正之风也感染了孩子。社会上一度出现的"官二代"、"富二代"，甚至"星二代"罪错现象，不但给社会造成损失，也给当事双方家庭带来终生遗憾。

另外，夫妻之间的隐私行为虽然谈不上不健康，但若让孩子耳闻目睹，往往会给孩子的身心健康带来不利的影响，因而家长应注意加以回避。譬如夫妻之间的性行为，就不宜毫无掩饰地暴露给孩子。孩子长到五六岁时就应及时分铺睡，有条件的话最好让孩子自己在一间屋子里，但有些家长自身欣赏和模仿一些低级趣味的东西，往往有损家长的形象和尊严，也损害了孩子的心理健康。例如，有一位小孩子上学时对家长很崇拜，可是一天夜里起来小解时却发现家长在看黄色录像，一下子失去了对家长的信任。家长在日常生活中，待人接物，为人处世，一言一行都可能给孩子产生一定程度的影响，须慎重自制，好自为之。

古人云：父母亦师，身教重于言教。日本人有句老话："孩子是看着父母的背影长大的。"在父母和成人之间常用这句话互相提醒给孩子做好榜样。家长的言行举止、生活习惯等都将潜移默化地影响着孩子的世界观、人生观、价值观的形成，都会左右着孩子一生的道德行为。所以，作为父母自己也要以身作则，积极追求高尚的精神情趣，热爱学习，崇尚知识，让家庭充满浓厚的学习氛围，有助于培养孩子的性情、熏陶孩子素养，把孩子培养成人格健全、对社会有用之才。相反，家长如果自身做不好，其影响和后果可想而知。著名作家冰心在《我们应该怎样做父母》一文中就曾写道：我们不晓得"以身作则"，不注意公共卫生，不爱护公共财物，我们吵架拌嘴，我们说谎骂人……小孩子的心眼，像明镜一般，一切都看在眼里，印在脑里，等到有一天，他们把我们的一些不好的言行，在他们的言行中反映出来的时候，我们却大吃一惊！种瓜得瓜，种豆得豆，痛苦是我们应得的还报！

第十七计　寸草春晖

随风潜入夜　　润物细无声

在家庭教育中要努力营造一个和谐美满、充满爱意的家庭氛围，以促进子女身心的健康发展。父母要关心体贴孩子，子女也应多理解和体谅父母。

有一首古诗写道："慈母手中线，游子身上衣。临行密密缝，意恐迟迟归。谁言寸草心，报得三春晖。"这首诗写的是一位游子临行前，母亲为他缝制衣裳。母亲怕儿子迟迟不归，因而针脚缝得特别细密。儿子为此深受感动，觉得自己难以报答母亲的恩情。这里用"寸草春晖"来说明在家庭教育中要努力营造一个和谐美满、充满爱意的家庭氛围，以促进子女身心的健康发展。

人是感情的动物。一个充满母爱和父爱的家庭是儿童健康成长的摇篮。按照心理学的观点，在儿童心理中比较普遍地存在着"恋母情结"和"恋父情结"。在儿童幼小的心灵中，母亲或父亲是最原始、最纯朴而又最神圣的精神家园和寄托。父母不仅是子女的第一任教师，而且首先是联结家庭感情的最核心纽带。一个充满父爱和母爱的家庭，是家庭幸福和子女健康成长的重要条件。

幸福的家庭都是幸福的，不幸的家庭各有各的不幸。缺乏父爱或缺乏母爱的孩子往往容易形成一些畸形或极端的性格，如自私、孤僻、冷漠、胆怯，等等。有的是由于父母离异，有的是由于生活的不幸，也有的是由于父母没有尽到责任或经常闹矛盾而造成的。有一位妇女领着她的小孩去接受心理医生的治疗，说自己的孩子胆小怕事，唯唯诺诺。医生说这孩子缺乏父爱，这可以叫作"父爱缺乏症"。话音未落，孩子的母亲就泣不成声地哭起来。原来，孩子的爸爸出国后就和她离婚了。几年来一直是母子俩相依为命，晚上从不让孩子出门，很早就休息。由此逐渐养成了孩子不正常的性格。

一部《爸爸去哪儿》火爆荧屏，5个在台前光芒耀眼的明星爸爸，却被自家孩子的哭闹折腾到手足无措，节目播出后，立刻引来强烈追捧。人们关注的问题是，一些做父亲的往往忽视，甚至放弃了自己的教育责任，致使孩子的父性教育严重不足。新浪网2009年的调查显示，在1988名被调查者中，60.7%的人认为"现在的孩子缺失父教"。针对北京5—6岁幼儿的父亲的调查发现，80%的父亲认为自己工作忙，没有时间与孩子交流。研究表明，父爱的缺席将影响下一代，并带来恶性循环。

父爱有父爱的特点，母爱有母爱的特点，而且二者是相互补偿、缺一不可的。有一位西方家庭中的贵妇人，请了一位保姆，要求保姆严加管束她的孩子，特别是不允许孩子进她的卧室。这样做也许有利于培养孩子的自立精神，可是这样一来，还有什么母子亲情和天伦之乐呢？有个小男孩，五六岁了却学着女孩子涂口红，描眉毛，一种妩媚之气。原来做母亲的喜欢女孩，认为女儿长大了才会与母亲贴心。怀着这份私心，就下意识地把儿子打扮成女孩，并让他整天扎在女人堆里。久而久之，儿子渐渐失去了阳刚之气，一股"娘娘腔"。后来，为改变儿子性心理的偏差，增加儿子的男性气质，母亲便让他多与爷爷、爸爸们打交道，少与奶奶、姑姑们接触，向他灌输男性的阳刚之美。渐渐地，儿子变野了，像个小男子汉了。所以，家长不能违背孩子的天性，凭主观好恶而改变他们，不然影响了孩子的健康成长就悔之晚矣！

日本著名电影导演北野武年轻时独自去东京打拼，终于小有成就。自从他离家后，母亲每个月都会催他往家里寄钱，稍有耽搁就要挨骂。为此，他很不理解，也因此很少回家。直到母亲去世，他才回去奔丧。这时，哥哥把一封信和一本存折交给他说，这是母亲临终前嘱托我交给你的。北野武疑惑地打开存折，发现上面有数千万日元的存款，而存款人的姓名就是他自己。只见信中写道：武儿，在这几个儿女当中，我最担忧的就是你。你从小不爱读书，总是乱花钱。你能每个月寄钱来，说明你的境况还好。这些钱是你自己挣的，我一分没舍得花，你自己用吧……面对母亲这深沉的爱，北野武顿时泪流满面。这真是应了中国农村的一句俗话："疼儿不让儿知道！"

杨澜可谓女士中的佼佼者，但她十分重视和关爱孩子的成长。平时生活中的杨澜非常繁忙，可谓一个"空中飞人"，但即使在这样的情况下，还能成为孩子钢琴学校里出勤率很高的家长之一，还能在儿子八岁之前陪着他游历十五个国家。如今的杨澜经常在北京、上海、香港三地飞来飞去，但为了多一点儿和孩子在一起的时间，每次出差，她都会安排儿子到机场接送。回到家中，杨澜即使再累再忙，都会抽出时间和孩子交流，专心致志地和他们说话，认真倾听他们说的每一件事，全身心地投入到他们的世界。

有一个叫萨米的小女孩，年仅7岁得了绝症，坚持让爸爸每晚临睡前给她讲故事。一天，女孩坚持让爸爸讲《公主和月亮》的故事——任性的公主坚持要到月亮上去，国王只好给她制造了一只火箭船，是用爆竹做动力。可是，公主要带上月亮的物品太多，最终也没法实行。萨米听完遗憾地说："真是个蠢女孩，带的东西太多了。要是我，就只带最重要的。"不久，萨米还是离开了人世。当爸爸整理她的遗物时，发现了经常讲的那本故事书，书中夹着一张纸条，是萨米写的："去月亮要带的重要物品：1.爸爸。2.空气。3.宇航服。"萨米走了，带着对"月宫"的向往，更带着对爸爸真挚的爱戴与眷恋！

关"注留守儿童"，弥补"爱"的缺失。因为家庭教育不只是某个家庭的问题，也是政府和社会的大事。"留守儿童"的心理问题始终困扰着每一位教育工作者。由于长期得不到父母的关爱，这些儿童在性格上明显存有任性、冷漠、内向、孤独、怪异、逆反等特征，如不能及时得到解决，不仅会给儿童带来心理上的伤害，而且会给孩子的健康成长带来极其严重的影响。

"留守儿童"面临的最大的问题是缺乏正确的辅导与监督，父母之爱的缺位容易使他们产生心理障碍和性格缺陷，长时间放任自流可能使其走上违法犯罪道路。而社会监护体系、关爱体系的建立与完善，是解决这一问题的可行之路。

要给"留守儿童"更多的关爱，各级政府要组织一群志愿者，定期地进村入户，为"留守儿童"开展志愿服务活动。组织青年志愿者跟他们开展"手拉手"活动，理解他们由于父母长期在外打工感情缺失，同时也通过这些活动，让他们更健康地成长。通过示范带动作用，有更多的人能参与到关爱"留守儿童"的活动中，为他们营造一个有利于健康成长、成才的良好环境。

父母要关心体贴孩子，子女也应多理解和体谅父母。在我国传统的家庭中，父母一般文化水平不高，但他们不但要承担养育子女的重任，还要尽到教育子女的义务，并渴望自己的孩子早日成才，为了孩子的成长不惜献出一切，甚至自己的生命。他们也许不善于表达自己的感情和思想，他们的想法也许不那么有道理和时尚，但儿女应该理解父母的苦衷。子女应利用假期和其他空闲时间，帮助父母做一些家务，以减轻父母的负担，增进父母子女间的感情。前些年，一首《常回家看看》唱遍大江南北，产生了广泛的共鸣，也说明了人们对亲情的普遍理解和渴望。阿根廷《妇女》杂志2005年9月号曾刊载了一篇题为《妈妈只有一个》的文章。这里摘录几段，供儿女们反思：

当你来到这个世界上，她用双臂迎接你，你用啼哭感激她。

当你1岁时，她喂养你并给你洗澡，你用整夜的哭闹回报她。

当你2岁时，她教你走路，而你不理会她的呼唤。

当你3岁时，她精心为你烹饪菜肴，而你却把盘子扔到地上。

......

当你11岁时，她带你和你的小伙伴一起去看电影，你却叫她坐在后面一排。

当你12岁时，她告诉你不要看某些电视节目，你却希望她离开家不要再管你。

当你14岁时，她送你参加为期一个月的夏令营，而你在这段时间里一封信也没有写给她。

......

当你19岁时，她供你上大学，开车送你去学校并帮你拿行李，你没让她进宿舍就说了再见，因为你不想在同学面前感到难为情。

当你21岁时，她对你未来的发展提出了一些建议，而你却说："我不想走你走过的路！"

当你27岁时，她负担了你婚礼的全部费用，并激动地说她非常爱你，而你却远离她去外国定居。

当你40岁时，她打电话提醒你不要忘了你父亲的生日，而你却对她说你很忙。

当你50岁时，她终于病倒了，而你却抱怨父母给子女增添了太多负担。

当她悄无声息地离开这个世界，你会为那些应该做却没有做的事情追悔莫及吗？

第十八计　导而弗牵

我家有儿初长成　　导而弗牵正相宜

　　家长对子女的教育就是要引导他，而不是牵着他的鼻子走。要尊重儿童的个性，顺乎自然，正确引导，而不是完全任由家长意愿摆弄孩子。

　　常言道："儿大不由娘。"孩子在小时候对父母的依赖性比较强，因而也比较听话。可是，随着年龄的增长，特别是到了十一二岁，孩子却变得不那么听话了，有时常常要自作主张。对于少年阶段的"小大人"，家长在教育和管理方法上该注意什么呢？《学记》中说得好，"君子之教，喻也。道（古通导）而弗牵，强而弗抑，开而弗达。道而弗牵则和，强而弗抑则易，开而弗达则思。和易以思，可谓善喻矣"。意思是说，教师要善于启发诱导学生，让学生自己思考求得理解。进行的途径应当是：引导学生而不是给予牵掣；激励学生而不是强制使之顺从；启发学生而不是一下把结论告诉他们。引导而不是牵掣，就能处理好教与学之间的矛盾，使之和谐融洽；激励而不是强制，学生就感到学习轻快安易；启发而不代替学生得出结论，就可培养学生独立思考的能力。做到这些，就可以说是善于启发诱导了。

　　所谓"道"（引导），就是在教学中给学生指引一条正确的思维理络，引导学生思维活动"上路"，促使他们进行分析综合，找寻探索知识结论的方向。所谓"强"（激励），就是在教学中激发学生的自动性，使之产生探求知识的强烈愿望，激励他们开动思维机器，自觉地把探索知识结论的思维活动坚持到底。所谓"开"（开启），就是在教学中点明问题的关键，启发学生运用各种思维活动去解决问题，促进他们思维能力的发展。两千多年前中国古代教育家关于启发式教学思想的论述是十分深刻的。家长对子女的教育就是要引导他，而不是牵着他的鼻子走。

孩子由童年进入少年时期，在生理上已发生了许多变化，进入了人生第二个迅速发展的高峰期——青春发育期。从十一二岁到十四五岁，孩子的大脑发育基本完成，思维的特点也由具体形象思维过渡到抽象逻辑思维。在心理方面，孩子的自我意识和独立意向增强，往往以"大人"自居。凡事总爱自己想一想，不会再听凭父母的摆布。可是在父母眼里，孩子毕竟还是孩子。所以凡事总还是要替孩子做主，遇上孩子不如意的事便唠叨个没完。久而久之，孩子就会产生逆反心理，好自行其是，你说你的，他干他的。

针对少年期孩子的心理特点，家长在教育方法上必须加以调整和适应。一方面，要尊重孩子的独立意识，不要老是把他们当小孩子看待，在某些问题上，特别是与孩子有直接关系的事情上，要以商量的口气和他们说话，并根据他们的成长情况逐渐给他们以更多独立自主的权力，从而培养孩子的自立自理能力。父母要以"家长、老师和朋友"的三重身份与孩子交往，形成一种平等和睦的家庭气氛，多沟通思想，增进感情交流；另一方面，孩子毕竟还未成熟，他们的心理往往处在错综复杂的矛盾之中，既要独立，又不能完全独立。因而，家长切不可对孩子放任自流，撒手不管。所以家长应对孩子恰如其分地加以指导，做好孩子的好"参谋"。夸父逐日执行董事、总经理曹保印说："作为一个特别忙的爸爸，我没有那么多的时间，比如说给孩子做一顿饭，也没有那么多的时间去陪孩子旅游。但是，只要我能够和孩子在一起，我一定要把那些最美好的东西传递给她，一定要把那些最有价值的东西传递给她。”

中国传统的家庭教育，主要是一种"听话教育"。家长唯我独尊，唯我是从，搞一言堂。孩子没有说话的权利，听话才是好孩子。这不仅养成了孩子过分地盲从和依赖心理，而且严重阻碍了孩子智能的发展和提高，压抑了孩子个性的自由与发展。结果，孩子十几岁，上中学甚至上大学了，自理能力还很差，样样依靠父母，家长也事事为之操心，孩子成了"抱大的一代"。现代家庭应是民主型家庭，随着孩子年龄的增长，家长要注意培养孩子独立的人格，鼓励孩子自立自强。遇事问一声"你看这样做怎么样？"而不应动辄就说："你必须这么做！"

坚持导而弗牵，通过平等有效的教育活动，才能很好地培养孩子的学习品质，改善不良的学习行为和习惯，培养积极向上，自主性强，有创造力、坚持性强，懂得反思并学会分析解决问题等学习品质。在教育活动中，家长应该尊重孩子的年龄特征和学习特点，以孩子的真挚朋友、亲密伙伴、和蔼师长的身份一起活动和游戏，并为他们的发明、创造，提供条件、机会及必要的帮助和指导，为孩子养成良好的学习品质提供有效的支持策略，使孩子在幼儿这个重要的教育阶段形成终身发展所必需的学习品质。值得注意的是，儿童往往因好奇心去寻找问题的答案，从而构建自己的知识体系。好奇心增强，求知欲增加是幼儿年龄特点中非常重要的体现之一，他们在不停地看、听、摸、问中，好奇心得到满足，从而产生求知的欲望。稍大一些的孩子很喜欢问一系列的为什么，很喜欢刨根问底，在家庭教育活动中家长不但要提供丰富的材料激发幼儿的好奇心和求知欲，还要给孩子创造宽松的心理环境和氛围，多一点儿耐心，给孩子提供实现好奇心的条件和机会，从而保护和满足孩子的好奇心和求知欲，并为他们的好奇心提供有力的支持，促进孩子的探索行为。

由于家庭教育不得法，导致亲子关系疏远，甚至教育失败的例子很多。

有位家长不但给孩子硬性安排上各种英语、日语、书法等补习班，还将自己的爱好强加在孩子身上，让孩子超负荷地练习小提琴。后来，这个孩子回忆说："这简直是一场噩梦。牺牲了我宝贵的童年，收获又是什么呢？上大学以后，我再也没有碰过小提琴，因为一看到它就会让我回忆起那段痛苦不堪的日子。也正是因为这样，我与父亲之间的亲情日趋淡漠，大学时放学回到家，发现想找点话题都很难。更为糟糕的是，长久的暴力和反抗，甚至改变了我的性格，让我在大学以及工作中都遇到了不少的困难。我想对天下的父母说，孩子不是你们的私有物，要让孩子做他们自己想做的事情。"

"导而弗牵"就是要尊重儿童的个性，顺乎自然，正确引导，而不是完全任由家长意愿摆弄孩子。有这样一个故事：有一个人得到了一张天下无双的弓。这把弓用多年的紫檀古木制成，沉实、压手，非常好用。这个人爱不释手，但又觉得它不够华美，太朴素了。于是，他找了一个天下第一的能工巧匠，请他在弓上雕刻一幅《行猎图》。《行猎图》完成了，果然惟妙惟肖。这个人欣赏着这张弓，感觉现在这张弓才真正叫作至极完美。这个时候，他搭弓引箭，用力一拉，"嘣"的一下，弓在他手里断了。弓看起来很美丽，却因为美丽而失去了它成为一柄良弓的可能。这个故事告诉我们，人才的培养应该顺乎孩子的个性，不能凭家长愿望而失去儿童的本性。

在子女的恋爱婚姻问题上，家长更要"导而弗牵"，即正确引导但不包办。毛泽东就主张子女自由恋爱，尊重他们的想法，正如李敏所说："对于我们兄妹，爸爸是很尊重我们个人的感情的。他从来不把我们不能接受的感情以父辈之权强加给我们。他允许我们各自保留自己的情感小天地。"然而毛泽东并不是无原则地完全放任自流，在很多方面，毛泽东都耐心地指导孩子们。他强调，在恋人的选择上最重要的条件应该是志同道合，思想品德、事业理想和生活情趣等也得大体一致。毛泽东一直对封建社会那种门当户对的婚姻观不满意，鼓励自由恋爱，赞成打破门第观念。可是，我们有些家长对子女的恋爱婚姻问题要么管束过多，要么放任不管。结果是过多干预，甚至阻碍了孩子的感情生活，或者让孩子缺乏正确引导而上当受骗或误入歧途。

在子女就业问题上，家长要导而弗牵。对此，专家建议，家长要明确在子女就业问题中自己所应当扮演的角色，不要超越角色；要更新就业观念，引导子女树立正确的求职观；要掌握一定的求职知识，引导子女做好充分的求职准备，迅速投入到找工作中去；还应主动与子女分享社会经验，引导子女少走一些弯路，顺利走进、融入职场。在这个过程中，家长与子女要加强沟通，充分尊重子女的专业志向和职业理想，帮助分析社会需求和就业信息，而不要硬性要求孩子。

第十九计　菜根计

宝剑锋从磨砺出　　梅花香自苦寒来

一个人要想成功，一是要吃苦，二是要培根。家长要注重培养孩子的独立意识和自立能力，防止使孩子成为"抱大的一代"。

古人云："艰难困苦，玉汝于成。"又言："自古英才多磨难，纨绔子弟少伟男。"都说的是一个人要成才，舒舒服服是不行的，艰苦的生活环境，反而会造就出有所作为的人。俗话说，成人不自在，自在不成人。

我国明代万历年间有个学者名叫洪应明，写过一部著作叫《菜根谭》，书名得自宋朝汪信民的一句话："人能咬得菜根，则百事可做。"该书强调，耐得贫苦生活，才能创造人生百般事业。一个人要想成功，一是要吃苦，二是要培根。在日本企业界还曾一度掀起一场《菜根谭》热，将书中的思想用之于现代企业管理。《朱柏庐治家格言》里也说："一粥一饭，当思来处不易；半丝半缕，恒念物力维艰。"也是教导人们要节俭。而那首古诗"锄禾日当午，汗滴禾下土，谁知盘中餐，粒粒皆辛苦"。更是妇孺皆知。革命烈士江竹筠要求自己的子女"以建设新中国为志，为共产主义事业奋斗到底。孩子们决不能娇养，粗茶淡饭足矣"。

俗语说："待要小儿安，需受三分饥与寒。"现在生活条件好了，许多家庭都只有一个"宝贝疙瘩"，要吃给吃，要穿给穿，要玩有玩。家长对孩子百般溺爱，捧在手上怕摔着，含在嘴里怕化了，怎么能进行艰苦教育？其实，随着物质生活条件的改善，孩子的生长环境也该优越一些，让孩子吃得好一些，加强营养，对孩子身心发育也有好处。但这与艰苦教育并不矛盾。相反，越是生活条件好了，越是需要教育孩子，不要躺在家长铺设的安乐窝里，坐吃山空。要培养孩子艰苦朴素，勤俭节约，有钱花，但不要乱花钱的意识。要让孩子知道我们国家还不太富裕，有些偏远山区的孩子还上不起学，从小养成大手大脚乱花钱的习惯是可耻的。对于大一些的孩子，要教育引导他们，不要比吃、比穿、比玩，而要比学习、比工作、比进步。

有一则小故事，说的是两个人在沙漠上各自种了一片胡杨树苗。待幼苗成活以后，其中的一个人每隔两三天，就要挑水一棵一棵地给树苗浇水。而另一个人只是树苗刚种下去的时候，来浇过几次水，待树苗成活后就很少来了。过了两年，两片胡杨树都长得杯口那么粗了。忽然有一天，狂风大作，大雨滂沱，下了整整一天。风雨过后，人们惊奇地发现，经过辛勤浇灌的那些树几乎全被暴风雨刮倒了，而不怎么浇水的那些树却只是被刮断一些树枝，很少有被刮倒的。人们感到不可思议。可是那个所谓的懒人却笑着说：那些树之所以被刮倒，只是因为水浇得太勤了。水浇得勤，它的根就不往泥土深处扎，只在地表处盘来盘去。我的树成活后不怎么管它，没有了水和肥料供它吸吮，它就不得不拼命往下扎根，穿过沙土层，吸取深处的水分和营养。根扎得深，自然不会刮倒。这个故事对于当今的家长们教育子女不是很有启发意义吗？有些家长只是对孩子疼爱有加、倍加呵护，却忽略了培养孩子的自立、自理能力和意志力，结果孩子长大了却不成器，反而埋怨父母无能。

玉不琢，不成器。家长要教育鼓励孩子自理、自立、自强，不要过分依赖父母。"小皇帝"、"抱大的一代"是不能胜任大事的。联合国21世纪教育委员会主席雅克·德洛尔先生提出，21世纪教育的四大支柱是学会认知、学会做事、学会共处、学会生存。中、日两国的部分中学生曾联合搞了一次夏令营活动，日本中学生遇到困难会首先想办法自己克服，自立性很强；而中国的中学生却总是怀有依赖思想，这足见中国的家长平时对子女培养上的缺陷。国外普遍风行一种"吃苦教育"。在日本，为了不忘过去最困难的日子，一家学校给孩子们做了"忆苦饭"，孩子们拒食3天，校方毫不动摇。第四天，孩子们终于咽下了这顿"忆苦饭"。在日本的许多孤岛或森林里，经常可见小学生们在无老师带领的情况下，面对着既无水源又无淡水的自然环境，安营扎寨，寻觅野果，捡拾柴草，寻找水源，自己营救自己。所以，孩子能自己做的事，家长不要再越俎代庖，应尽量让孩子自己去做。要经常对孩子进行艰苦教育，挫折教育，多让孩子经风雨，见世面，不要老是搂在怀里，用翅膀掩盖着，那样永远驯不出展翅飞翔的雄鹰。

古人云，做学问要经过三种境界。第一境，独上高楼，望断天涯路；第二境，衣带渐宽终不悔，为伊消得人憔悴；第三境，众里寻他千百度，蓦然回首，那人却在灯火阑珊处。其实，做人、干事业都不会一帆风顺，往往会经历许多挫折。往往是山重水复疑无路，柳暗花明又一村。要教育和培养孩子不怕吃苦和承受挫折的心理，吃得苦中苦，方有甜上甜。如果遇到了挫折，就要学会自我安慰，抚平心灵的创伤，调整心态，振作精神。这时不妨朗诵一下普希金的诗《假如生活欺骗了你》：

假如生活欺骗了你，

不要悲伤，不要心急！

忧郁的日子里需要镇静，

相信吧！快乐的日子将会来临。

心儿永远向往着未来，

现在却常是忧郁。

一切都是瞬息，一切都将会过去；

而那过去了的，就会成为亲切的怀恋。

孟子说："天将降大任于斯人也，必先苦其心志，劳其筋骨，饿其体肤，空乏其身，行拂乱其所为，所以动心忍性，增益其所不能。"（《孟子·告子下》）艰苦奋斗是成才成功的必由之路。古今中外，凡成就大事业，作出大贡献的人，无不是踏着一条艰苦努力、积极拼搏的道路走向成功的。我国著名史学家、文学家司马迁，为撰写上至黄帝下至汉武3000多年的历史，付出了毕生精力与心血，写成了《史记》，被鲁迅先生誉为"史家之绝唱，无韵之《离骚》"。革命导师马克思为探求无产阶级革命的真理，用了40年的时间阅读了1500多种书籍，最后留下了鸿篇巨著《资本论》。

靠白手打拼起家的李嘉诚很早就开始关注对孩子的培养，据说，在儿子李泽钜、李泽楷还只有八九岁时，李嘉诚就专设小椅子，让两个儿子列席公司董事会。次子李泽楷的零用钱，都是自己在课余兼职，通过当杂工、侍应生挣来的。每逢星期日，他都到高尔夫球场去做球童打工，背着大皮袋跑来跑去，通过自己的劳动，领取一份收入。李泽楷将打工所得，除了用作自己日常的零花钱之外，有时还资助生活困难的同学。李嘉诚知道后十分高兴，他对妻子说："孩子这样发展下去，将来准有出息。"

改革开放以来，我国的综合国力显著增强，人民的物质生活水平在不断提高，党和国家为青少年成才提供了更为优越的环境，这是青少年成才的良好时机。但是，如果离开了自己的艰苦奋斗、努力进取，青少年就难以成才、成好才。青少年求学是成才道路的新起点，而要攀登科学技术高峰，没有艰苦奋斗是不行的。马克思说过，在科学上没有平坦的大道，只有不畏劳苦沿着陡峭山路攀登的人，才有希望到达光辉的顶点。中国也有一句古话，"书山有路勤为径，学海无涯苦作舟"。青少年必须拿出刻苦钻研精神，才能学有所成、学有所能。掌握知识的过程是一个需要老老实实下功夫的过程，谁害怕下功夫，抱有侥幸心理，幻想走捷径甚至"一步登天"，企图不学而求知，其结果"犹愿鱼而无网焉，心虽勤而无获矣"。当然，学习要讲究方法，但同时我们也必须懂得，任何好的方法都是要以勤奋刻苦为前提，正如爱因斯坦所说：成功＝艰苦的劳动＋正确的方法＋少说空话。没有勤奋刻苦、奋发向上的精神，方法再好也将难以成功。

随着子女的成长壮大，子女要尽快自理、自立、自强，不能成为"啃老族"，郑板桥在教子诗中写道："淌自己汗，吃自己饭，靠天、靠地、靠父母，不算是好汉。"家长要注重培养孩子的独立意识和自立能力，防止使孩子成为"抱大的一代"。

第二十计　走为上

橘生淮南则为橘　　生于淮北则为枳

在家庭教育中要重视环境对儿童的影响，适时地更换或创造良好的教育环境。教育环境包括家庭环境、学校环境和社会环境三个方面。

古语云三十六计，走为上计，本说的是在战争中已面临着无可奈何的地步，没有别的好办法，只能出走。于是便采取有计划的主动撤退，避开强敌，寻找战机，以退为进。我们将其引申一下，用来说明在家庭教育中重视环境对儿童的影响，适时地更换良好的教育环境。

孟母三迁就是一个很好的例子。这个典故见于《烈女传·孟仪·邹孟轲母传》。据传，起初，孟家近墓地，少年孟子常在墓间嬉游，练习筑墓埋葬。孟母说这不是让我孩子居住的地方。于是把家搬到市场旁边，这时孟子所做的游戏多是模仿商人做买卖。孟母认为这地方也不行。于是再把家搬到学校附近，这时孟子的游戏多是练习礼仪，孟母说这地方可以居住下去。孟子长大后，果然精通六艺成为大儒。这就是为后人所称道的"三迁之教"。

环境是影响孩子成长的一个重要因素。教育环境包括家庭环境、学校环境和社会环境。孟母三迁的故事启示我们，居住环境的选择和营造十分重要。就居住环境来说，尽量要求环境清静、安全、整洁，最好有一定的文化氛围。记得我小时候，家的西邻是所小学，小学校长杨老师一家就住在学校里。我经常在学校里和他的孩子一起玩耍，在他家里收听广播（那时还没有电视）。有一次杨老师开玩笑说："你老是来听广播，也不给它（指广播喇叭）送吃的，以后就不给你说唱了。"我说："给它东西可是它怎么吃啊？"引得大人们哄堂大笑。这样的环境给我童年的学习与生活产生了很大影响。后来，学校搬迁了，杨老师一家也迁走了，可我还是经常想念他们。

在一个家庭中，长辈的言行举止、生活作风等诸方面，对孩子有着潜移默化的影响。为了孩子的健康成长，父母乃至所有的长辈之间要同心同德，共同创造一个健康、和谐、向上的家庭环境，如果意识到家庭中的某些因素不利于孩子的健康成长，就应设法改善。一些无益于孩子的事情尽量不做或设法避开孩子。从近年来未成年人出现的问题，甚至犯罪行为来看，受家庭不良环境的影响是一个重要因素。

孩子只有具备健康的心理素质以及良好的交往能力，才能适应未来的社会生活。在竞争的社会中，合作精神愈显可贵，它是关系到一个人事业成功与否的关键。在现实中，由于居住环境及独生子女的缘故，孩子之间缺乏相互沟通的机会，合作精神也就难以培养，从而孩子所表现出来的要么是争强好胜，任性自私；要么是郁郁寡欢，自甘落后；有的甚至随波逐流。值得注意的是，大量流动人口涌入城市，流动人口子女的生存和教育环境问题日益突出。这既需要政府社会的关注，流动子女家长也要处理好工作与女子成长的关系，不能忙于工作而耽误了孩子。

孩子入托儿所或幼儿园，上了学之后，家长要注意孩子所在的托儿所、学校环境如何，当然这里指的不是自然环境，而是指这个托儿所、学校的教育制度、教学内容与方法、管理办法等是否科学，是否有益于孩子的身心健康。如果发现有不利的因素，应在家长会上或通过其他适当的渠道和机会，向单位的领导老师及时反映，并协助他们共同改造好教育环境，提高教育质量。实在不行，在条件允许的情况下，就更换一所幼儿园或学校。

要为孩子选择或更换一所好学校，家长要明确孩子所接受的学校教育是怎么一回事，具有我们为孩子做主的标准，心里才有底。关键要看这所学校好在哪些方面，是不是我们孩子在此学习的这阶段真正好。这就需要我们用既看现在、还看过去、更看未来的科学方法与思路去观察评价这所学校。首先我们由"学校教育"去寻找评价学校的标准，学校教育是教育者根据一定的要求，有目的、有计划、有组织地对受教育者的身心施加影响，期望他们发生某种变化的活动。从定义我们看到是教育者对受教育者施加影响，为此：教师队伍必须优秀。是根据一定的要求，有目的、有计划、有组织，那么具体落实在学校就是校长的办学思想与教育理念。施加影响，就要看这所学校的校风与硬件设施。期望他们发生某种变化，就要看这所学校在学生方面表现出来的成绩。根据如上几个方面的权衡，家长就可以决定将自己的孩子投向最富有发展潜力的学校。

社会环境也是影响孩子成长的一个重要方面，并且随着孩子渐渐地成长，这种影响会越来越明显，人生活在社会之中，不可能不受其他人和物的作用和影响。值得注意的是，一是孩子平时主要通过哪些渠道获取了什么样的信息，比如电影、电视、电脑网络、课外书等，如果发现不健康的或不适于孩子观看的东西，要注意说服孩子不要继续看下去。二是注意孩子平常都和哪些人来往，交了什么样的朋友。常言说："近朱者赤，近墨者黑。"为此，要避免孩子与不良性社会人群接触和交往，如果发现孩子已经参与了不良性群体，并成为其中的重要成员，就应及时加以劝阻，使他们中止这种不正常的交往。三是注意了解孩子业余时间都参加哪些社会活动，这些活动是不是健康有益的，如果发现有不健康的行为也要及时加以劝止。特别值得注意的是，有些家长忙于工作或外出务工，致使孩子缺乏家庭教育与管理，孩子过早辍学混迹社会，甚至误入歧途。对此，家长一定要权衡好"挣钱"与孩子"前途"的关系，保证孩子有一个良好的成长环境。

为了给孩子提供良好的成才环境，专家忠告：（1）不要在芜杂的环境中居住；（2）不要带孩子参加各种迷信活动；（3）不要让孩子看惊险、凶杀、荒诞的电影、电视、VCD等；（4）不要领孩子到打架斗殴的现场看热闹；（5）不要让孩子看赌博的场面；（6）不要在孩子面前说脏话、假话；（7）不要在孩子面前议论别人的是非；（8）不要在孩子面前吵架打骂；（9）不要带孩子进舞场、网吧、酒吧；（10）不要带孩子搞炫耀性消费、铺张浪费。

家长如果觉得自己所处的居住和工作环境不理想，并且对孩子的发展也不利，就尽量更换一个居住环境或工作单位。树挪死，人挪活。天地大得很，不必硬要在一棵树上吊死。

走为上，除了强调环境的影响，还有一层意思，就是孩子对学科专业的认知与选择。社会在发展，孩子在成长，选什么学科，学什么专业，都不是一成不变的。根据社会发展和孩子变化的情况，认为目前所学的专业不合适，可以按照学校的规定程序尽量调换另一个专业，以保证孩子顺利完成学业和将来就业。

当然，有些孩子及家长觉得国外某些国家的教育资源更适合自己孩子的成长，选择出国接受教育，也是一种思路和办法。但对外国的教育制度和教育模式要全面深入了解，避免盲目性。目前不少学生和家长心中还有误解，过高地估计了"洋文凭"的含金量和光环效应。事实上，近年来留学生人数持续、大幅度地增加已经淡化了这种"光环效应"。按照供求规律，充足的供应总是会导致价格的下降，"人才"这一特殊商品也不例外。出国念书不代表自然就有好工作送上门，更不代表"万事大吉"。当然，"海归"也无须妄自菲薄，总体来讲，"海归"拥有外语优势、国际化的视野和人脉资源、国际领先的专业知识体系、优秀的沟通能力和创新能力。这些都是职场上的"加分项"。出国留学是一种经历。这种经历是否为你在职场上"增值"，则取决于多种因素。话说回来，即使不能立刻"折现"，多点人生经历也总是件好事。

第二十一计　奖掖计

江山代有才人出　　各领风骚数百年

为了孩子的健康成长，为了充分发掘孩子的潜能，家长应多给孩子以激励、鼓舞，创造一个良好的心理环境。对孩子的良好言行和进步表现，家长要多点个"赞"。

越来越多的心理学家认识到，学龄前儿童所接受的不同环境的教育方式，将对儿童人格的健康和谐发展及认知潜能的开发具有深刻而持久的影响。幼儿教育实践及心理学实验证明，一个儿童生活在批评的环境中，他将学会谴责；一个儿童生活在惩罚的环境中，他将学会攻击；一个儿童生活在嘲弄的环境中，他将学会害羞和自卑；一个儿童生活在鼓励的环境中，他将学会充满自信和勤奋好学；一个儿童生活在表扬的环境中，他将学会感激；一个儿童生活在接受的环境中，他将学会爱；一个儿童生活在诚实和正直的环境中，他将学会公正；一个儿童生活在赏识的环境中，他会生活有目标。由此，为了孩子的健康成长，为了充分发掘孩子的潜能，家长应多给孩子以激励、鼓舞，而少一点，最好不要挖苦、嘲弄和惩罚，创造一个良好的心理环境。

一般的儿童虽然是个孩子，但在心理上却不愿别人把他们当作孩子对待，这就是一种"小大人"心理现象。如果孩子的这种"成人感"、"小大人"心理得到肯定和满足，那么孩子在学习或做其他事的时候会增强自信心和进取心。比如在让孩子做某件事的时候，多给孩子点个"赞"，鼓励孩子："宝宝自己会做。""你真行，做得真好。"这样孩子才乐意去做，并且做得挺带劲，如果是相反，而是说："小孩子家懂什么。""大人的事，小孩子别插手！"这样，小孩的自尊心就会受到伤害，甚至于会产生抵触情绪。

一位父亲应邀参加孩子幼儿园的家长会，老师告诉他说，你女儿有多动症，连三分钟都坐不了。晚上回家后，女儿问："爸爸，老师又批评我了吗？"父亲考虑了一下，说："这次老师没有批评你，而且还表扬了你，说你原来坐不了一分钟，现在能坐三分钟了。"女儿听了很高兴，破天荒地吃了两碗饭，并且没让大人喂。

当孩子长到四五岁上，甚至再大一些的时候，孩子已知道"要面子"，不愿人家老是揭自己的短处。这时候如果孩子有意或无意地做了什么错事，家长切不可随便指责挖苦孩子，那样不但会疏离家长与子女之间的感情，而且往往也无益于孩子认识和改正错误。有一位小朋友，上小学一年级的时候，有一次竟然尿了床。一早醒来，他感到很难堪，怕让同学们知道了笑话，就请求妈妈把床单放在屋子里晾干，不要拿出去。妈妈答应了他的要求，这件事使孩子很受感动，长大以后，直到考上了大学，一想起这件事，总是对妈妈有一种由衷的感激。如果当时做家长的不这样做，而是训斥孩子一番，硬是将床单晒出去，甚至当着小朋友们的面挖苦孩子，结果又会如何呢？

还有位小学生，平时考试成绩很差。有一次期末考试，老师给打了57分。他恳求老师能不能给60分？老师又看了一遍试卷，觉得没有加分的地方。他说，他爸爸是个援藏干部，最近要回家住几天，他不想使爸爸失望。老师考虑了一下，就在考试成绩单上填上了"75"分。这位小学生感激地说，谢谢老师，我今后一定好好学习，不辜负老师的期望。后来，他果然学习用功多了，成绩也上去了。

有个孩子学习一直很用功，可怎么也赶不上他的一位同班同学，而这位同学几乎每次考试成绩都是全班第一名。他把自己的心事告诉了妈妈。妈妈说，孩子，不要紧，你虽然拿不到第一，可你的成绩不是在不断提高吗？你已由原来的十几名提到前几名了。只要你扎扎实实地学，成绩还会有所提高的。在妈妈的鼓励下，这个孩子更加扎实地学好每一门课，不再把名次看得那么重要。最终，他以优异的成绩考入一所名牌大学。

孩子在成长的道路上总会遇到沟沟坎坎，有时还难免会摔跤，需要家长扶一把。但更重要的是家长给孩子心理上的鼓励。当孩子面对新问题产生畏难情绪时，家长应鼓励孩子不要怕，咬咬牙，挺过去，你能行！当孩子遇到挫折和失败，情绪低落的时候，家长应鼓励孩子吸取教训，不骄不馁，坚持下去，定会成功。特别是对于心理承受能力比较弱的孩子，更需要扶持和鼓励。假如孩子有一次考试成绩不理想，家长不要挖苦他："真笨！为什么人家的孩子考得那么好？！"而应帮助孩子找原因，树信心，扎扎实实地学，一定会考出好成绩。

北京科利华教育研究中心的一位女职工，曾谈到这样一段教育孩子的经历：以往，儿子每当遇到解不开的难题时，家长总是严肃地说，你怎么这么笨？！时间长了，孩子一有难题，自己便难为情地说：妈您别说了，我知道自己笨。后来，这位家长反思了自己的教育方式，改变了方法，尽量多鼓励孩子。她发现，儿子喜欢学电视小品，什么赵本山呀，黄宏呀，学得还挺像。于是，便对孩子说，儿子，你有语言天赋，一定能把英语学好。孩子听了很高兴，果然，三个月后，英语成绩真的有了很大提高。由于家长不再斥责而是鼓励孩子，使孩子逐渐树立了自信心，孩子的学习成绩也开始好起来了。

清朝教育家颜元说过："数子十过，不如奖子一长。"态度决定一切。家长的态度则直接影响着孩子的成长。在家庭教育中，如果根据儿童的心理特点适当加以鼓励和激励，可以促成孩子去做那些不愿做或不敢做的事，帮助孩子进步。美国石油大亨洛克菲勒坚信奖励比惩罚更有效。洛克菲勒共有5个儿女，家庭财力远非普通人家可比，但他对儿女的日常零用钱却十分"吝啬"，规定儿女们的零用钱因年龄而异：七八岁时每周3角，十一二岁时每周期1元，12岁以上者每周2元，每周发放一次。他还给每个孩子发一个小账本，要他们记清每笔支出的用途，领钱时交他审查。钱账清楚、用途正当的，下周还可递增5分，反之则递减。同时，孩子们能做家务事还可得到报酬，补贴各自的零用。例如，捉到100只苍蝇能得1角，逮住一只耗子得5分，背菜、垛柴、拔草又能得到若干奖励。后来当副总统的二儿子纳尔逊和兴办新工业的三儿子劳伦斯，还主动要求合伙承包给全家人擦鞋，皮鞋每双5分，长筒靴1角。当他们十一二岁的时候还合伙养兔子卖给医学研究所。

来自家长的暗示对儿童潜能开发的影响十分重要。联合国教科文组织曾指出："人的创造力最容易受到文化的影响，最能开发并超越人类自身成就的能力，也是最容易受到压抑和挫伤的能力。"你的家长老师，对你始终是关爱的、肯定的、激励的，那么对你的学习、事业都将是一种自觉或不自觉的促进作用，使你潜移默化地形成自我认同感和成就感，催你奋进，引你成功。研究表明，经常受家长肯定和褒奖的孩子，其学习成绩和个性完善都比不受关爱和肯定的孩子要提高得快。

当你认为你的孩子是一个有潜能的人、有责任心的人、是一个聪明的人，你的态度在孩子心中进行了一个确认。他（她）的观念就毫无疑问地认为自己是有潜能、有责任心、聪明的人。当一个人认为自己是聪明的时候，他就认为自己是能够做好事情的。这样，他的潜能就被激活了。

美国教育家曾做过这样的教学实验：两个新分来的老师分别要教天才班和普通班。实际上，一班是被测定的天才儿童组成的班；二班是测定的普通儿童组成的班。可试验者使老师对真实情况有了相反的认知。两位教师按照头脑中的观念对所教的孩子分别有了特定的态度。一年后对教学成绩测验时，奇迹发生了，普通孩子组成的二班真的成了天才班；而天才儿童组成的一班只达到普通班能达到的成绩。

可见，家长和老师的态度决定了孩子的态度，决定了他们的人生观，决定了他们对世界的看法，进而决定了他们人生的方向和发展潜力。欣赏孩子是培养他的自信心很好的方法。自信有助于他现在与将来勇敢地面对来自各方面的挑战。身为父母的我们的一个眼神、一个手势、一声赞扬都是一种无形的力量，可以鼓舞孩子的斗志，增强孩子的信心，激发孩子的勇气。

第二十二计　美人计

近水楼台先得月　　朝阳花木易为春

少年儿童模仿能力强，极易受周围人物行为的感染。做父母的应该注意引导孩子，让孩子从小学好人，做好事，积极向善。

"美人计"本来是指利用美色瓦解敌人，取得战争胜利的办法。这里用来说明依靠榜样的力量引导和教育孩子积极向善的方法。古人云："近朱者赤，近墨者黑。"俗语也说，跟着好人学好事，跟着坏人学不良。说的都是一个意思。少年儿童模仿能力强，极易受周围人物行为的感染。做父母的应该注意引导孩子，让孩子从小学好人，做好事，积极向善。

一些少年儿童的心目中往往有着自己崇拜的偶像，特别是在听故事、看小说、看电影电视的过程中，深深被故事中的典型人物所吸引，并自觉不自觉地对这些艺术典型加以模仿。譬如，有的儿童看了一些武打片，也随之模仿影片中的人物，操拳舞棒要和别人比武打架。针对这类现象，家长不要仅仅报之以笑声或呵斥，而应注意加以引导，使小孩子逐渐学会分辨善与恶、美与丑，在儿童心目中多树立那些美好的人物形象，使孩子从小懂得做人要做好人，做一个对社会有益的人，长大了一定要像某某英雄那样。有条件的话，可以让孩子有选择地读一些名人传记，了解他们成长的历史和丰功伟绩，以激励和影响孩子的成长。

　　针对儿童的身心特点，在家庭教育中可以很好地运用榜样教育。榜样就是人们头脑中的先进典型和突出的人物形象，而榜样教育则是通过在孩子面前树立起一定的道德范例，以他们的优秀品质、模范行为去影响儿童的思想情感和态度行为，从而达到预想的教育目的。

　　由于树立的榜样总是一些活生生的、有血有肉的人，或富有情节的事，看得见、摸得着，因而它不同于空洞的说教。儿童由于思维的直观性，他们对榜样的形象感到乐意接受，易于模仿，也就能收到理想的效果。家长可以有意识地引导孩子想一想：英雄是怎样做的？如果英雄在这里，他将会怎样做？由于英雄榜样的事迹在孩子心中扎下了根，一经家长诱导孩子就会懂得该怎样做，从而达到理想的教育效果。

　　由于榜样是在特定环境和矛盾冲突中把人的优秀品质充分地展现出来，因而它使榜样教育不仅能影响人的行为，而且还能影响人的道德认识与情感，使榜样对孩子产生巨大影响。儿童感情控制能力比较薄弱，做事很易受感情影响，榜样的树立，首先使其感情受到感染，产生模仿的强烈愿望和动机，使榜样教育的成功有充分保证。在对孩子进行爱人民教育中，可以从雷锋是怎样在行动中落实"人民是国家的主人"，又是怎样从身边做起做到热爱人民的事例，引导孩子讲自己像雷锋叔叔那样做到了哪些，还有哪些差距，今后应怎么做。

　　除了大众媒体宣传报道的模范人物外，家长还要注意引导孩子善于向身边的榜样学习。孩子身边的同学、老师、亲长中优秀的品质和模范行为，都值得孩子学习和效仿。他们与孩子朝夕相处，直观易学。对于他们的长处优点，家长与孩子共同分析借鉴，使孩子学有榜样，赶有目标。这样，教育和引导孩子从身边的榜样学起，从身边的事情做起，从身边的人关爱起，从而促进孩子的健康成长和全面发展。

　　随着现代媒体的发展，各类明星的影响越来越大，因此，明星也容易成为孩子的偶像。关于孩子"追星"的问题，有些家长很头疼。社会上把这些孩子称作"追星族"，对他们的评价褒贬不一。从青少年心理来看，少男少女的内心，很容易被一些炫酷新奇的东西吸引，因为那是一种使自己区别于落伍人群的标志，通过对这些标志的认同，来达到对自身的认同。但同时青少年的心理又不成熟，是非美丑界限不清。青少年时代是学习的最佳阶段，如果把这些时间都用来"追星"，加之青少年自控能力差，很难管束自己，一旦坠入"追星"的迷阵，就很难控制。对此，家长要注意教育引导，让孩子学习明星所体现的积极价值观和美好的品质，让孩子学有目标，一定和自己的学习结合起来，避免盲目性。还要让孩子知道，许多明星之所以成名，是因为他们付出了许多心血和汗水。他们的人生道路并不是一帆风顺的。同时，明星不是成功的唯一标志，媒体推出的"感动人物"、"道德模范"、"最美人物"等，也很值得尊敬与学习。

教育孩子学会做人，是家庭教育主要、根本的任务，也是贯彻素质教育思想和要求的核心问题。教孩子学做人，首先要重视孩子思想品德的教育。作为家长不能重智育轻德育，因为比知识重要的是能力，比能力重要的是道德。家庭教育重在教育孩子做人，主要提高其思想道德水平，培养其遵守社会公德的习惯，增强其法律意识和社会责任感。针对学校里组织的"学雷锋做好事"活动，家长要积极予以配合。并教育孩子，做好事不能搞"一阵风"，要坚持不懈，养成助人为乐的好习惯。

我的孩子六岁时，正赶上全国学习孔繁森，各种媒体上经常出现孔繁森的形象。孩子就问孔繁森是谁呀？我说孔繁森是个好人，他家在山东聊城，去支援西藏的建设，做了许多许多好事。接着我带着孩子参观孔繁森纪念馆，又看了电视剧《孔繁森》。当看到孔繁森牺牲的镜头时，孩子流着泪说："好人为什么会死呀，我不让他死！"这足见美好人格对孩子幼小心灵的影响。

在现实生活中，孩子周围的人会对孩子的成长产生直接的影响。有位教育家说过，只有个性才能影响个性，只有性格才能影响性格。家长与孩子朝夕相处，一言一行都应给孩子留下健康美好的形象，也只有这样，才能树立家长的威信，以便更好地进行家庭教育。与孩子接触来往密切的一些亲戚朋友，言行举止都应从有利于孩子的健康成长出发，共同为孩子创造一个良好的家庭环境。少年儿童往往会崇拜一些年龄比自己大的人，对他们崇拜的对象也自觉地加以模仿。因此，那些经常与孩子接触的成年人更应该尽量为孩子树立一个美好的形象。

孩子生活在一个什么样的社会群体里，经常与什么样的人来往，最知己的朋友是什么样的人，家长都应有所了解。如果发现孩子受到了不良社会群体的影响，甚至本身就是其中的成员，就必须及早做好思想教育工作，帮助孩子中止不正当的伙伴关系和不健康的行为。家长在进行疏导转化工作时，切忌简单粗暴，以免造成孩子的逆反情绪和"离心倾向"，影响家长和子女间的感情，不利于孩子的正常发展。

通过正确引导、模范影响，培养孩子形成健全的人格，对于孩子成长成材十分重要。爱因斯坦曾经说过，"一个人智力上的成就很大程度上取决于人格的伟大，这一点往往超出人们通常的认识。"孩子健全人格的培养仅仅靠学校教育和智力培养是不行的，还需要家长在现实生活中正确引导培育，教育孩子学习榜样则是一个有效的措施和途径。通过各种模范人物或发生在身边的好人好事，启发引导孩子学会尊重他人、包容他人、关爱他人，从小形成与人为善、与人合作的良好心理素质，对于孩子成长成材将受益终生。

第二十三计　空城计

虚虚实实无常势　　空城妙计退强敌

做父母的难免遇到各种各样的困难。如果把这些实情都毫不隐瞒地告诉孩子们，不但无济于事，反而起负作用。泰然处之，艺术地对待，才能给孩子以安全感。通过艺术地设置和处理，营造一个有利于儿童成长的环境和氛围。

"空城计"是古代的一种心理战术。是指在我方无力守城的情况下，故意向敌方暴露我城内空虚，就是所谓"虚者虚之"。敌方产生怀疑，更会犹豫不前，就是所谓"疑中生疑"。敌人怕城内有埋伏，怕陷入埋伏圈内。这是针对我方的空虚状况和敌人的多疑心理而运用计策，达到巧妙退敌的目的。

大家都知道《三国演义》中的"空城计"。当时司马懿大兵压境，对阵厮杀和闭门坚守均已不可能，弃城而走，也难逃厄运。诸葛亮急中生智，打开城门让小厮们搬花扫地。自己端坐楼台抚琴吟唱，一派安然自若的神态。性格多疑的司马懿心想，诸葛亮一向用兵谨慎，城中一定有埋伏，只好退兵四十。诸葛亮打的就是心理战。灵活理解和运用"空城计"，对于搞好子女教育，也有着积极的启发意义。

有一家人孩子多，收入却很少，仅够维持日常生活。每月领回工资，母亲便将一月的开支计划仔细地筹划，尽量减少不必要的开支，末了，还有一点剩余，她便数着剩下的钱说："我们又可以存点钱了。"看着因交不起房租而流浪街头的人，孩子们心里感到自慰，因为家里在银行有存款。有时由于经济危机，家里生活十分拮据，母亲说："我们尽量想办法，最好不用银行的存款。"于是全家人咬咬牙，终于渡过了难关。后来，孩子们长大了，陆续参加了工作。大儿子成了作家，出了一本小说，得了一笔可观的稿费。为了报答父母的养育之恩，他决定把这笔钱送给母亲，要母亲到银行一同存在她的户头上。这时母亲宽慰地笑着说："谢谢你，好孩子。其实我从来就没有进过银行的大门！"不当家不知当家难。做父母的难免遇到各种各样的困难，经济上的、工作上的、感情上的、学业上的。如果把这些实情都毫不隐瞒地告诉孩子们，甚至于整天怨声载道，不但无济于事，反而起副作用。泰然处之，艺术地对待，才能给孩子以安全感，给家庭以寄托和希望。

在知识的解答上也是如此，家长不可能全部解答孩子的种种疑难，但孩子又不希望听到家长老是说"不知道"，或者有些问题还不适合直接给孩子讲清楚。怎么办？在孩子心目中，家长应该是拿得起放得下，天文地理无所不晓的人。所以家长，一方面要不断地学习，增长见识；另一方面又要学会艺术地面对和处理孩子的疑难问题，有时候运用一下"空城计"，或者"望梅止渴"，也能给孩子以信心和鼓励。当年鲁迅面对孩子"自己是从哪里来的"提问，就曾艺术地回答说："等你长大了就知道了。"

在子女教育过程中，需要恰当处理好家庭环境（包括家族文化）与儿童成长的关系，多展示对孩子健康成长有利的家族文化，那些不利的陈规陋习则尽量不让孩子沾染。这也算是家庭环境教育中的"空城计"吧。西方学者弗洛姆认为，"家庭是中介，通过它，社会或社会阶层给儿童因而也对成人打上自己的特定的烙印，家庭是社会的心理媒介"。在我国，家族传统比较浓厚，并由此形成了特定的家族文化，一些长期因袭和积淀下来的传统、习惯、遗风、祖训、族规、禁忌等，往往是维系一个家族存在的重要心理纽带。家族文化直接通过家庭而影响青少年的成长。

　　家庭是青少年社会化的起点，是社会化的摇篮。人的一生大部分是在家庭中度过，儿童在家庭中生活时间最长，约占全部生活时间的三分之二。新中国成立后，家族活动销声匿迹，传统的家族文化也一度处于消解过程中。可是改革开放以来传统家族文化又以一些新的形式有所恢复，如拜年祭祖、修祠堂、续祖谱等。家族文化中有些良好的传统习惯得以传承下来，而那些陈规陋习也随之对青少年有所感染。青少年自幼受家族风习的熏陶，其生活态度和行为习惯都不同程度地带有家族的痕迹。有些青年成年后即使脱离家族走上工作岗位，也往往还带有家族传统的烙印。

　　在家庭中，父母的一言一行都会给儿童以潜移默化的影响。夫妻之间的思想与情感交流（包括性语言与性行为），对社会生活的不满情绪和看法，如果都毫无隐瞒地让孩子耳闻目睹，自然会对青少年的身心健康带来不利影响。英国哲学家弗兰西斯·培根说过："在子女面前，父母要善于隐藏他们的一切快乐、烦恼与恐惧。他们的快乐无须说，而他们的烦恼与恐惧则不能说。"这话是不无道理的。作为家长，恰当地引导孩子正确认识一些阴暗面，对孩子的心理成熟和步入社会是有益的，但若不注意方式、方法和分寸，甚至故意加以渲染，则往往适得其反、事与愿违。目前在农村社区，由于社会的急剧变化，有些地方家族冲突、家庭矛盾、代际冲突比较严重，这种情况对青少年成长的影响值得注意。所以，家长要把握好家庭教育的分寸，营造一个适宜儿童成长的"真空"环境，防止孩子被不良家族亚文化感染。

　　在实施家庭教育的时候，家长不可能都是利用一些实实在在的东西。有时候可以利用虚拟的、假设的事件或方法，为孩子创设一种意境，让孩子去思考、去体会，从中学习到一些东西，或明白一些道理。有时候由于现实条件的限制，不可能都到实际的教育环境中开展教育和体验活动，家长可以采用虚拟的或模拟的教育模式，甚至通过"纸上谈兵"的方式开展家庭教育。比如有些心理体验活动，就可以通过模拟实验场景的方法，考察和训练孩子的心理素质。

两个顽皮的孩子在一起打架，被家长发现了。家长便把两个孩子叫到屋子里说："你们为什么打架，今天我要让你们长长记性。"说完，他拿起了木板子，对两个孩子嚷道："你俩都趴在椅子上，把眼睛闭上，我要好好教训一下！"于是两个孩子抖抖嗦嗦地伏下身子。只听见"啪"的一声，惩罚开始了。这时一个孩子会想：看来家长先惩罚对方了，好在自己还没挨揍。想到对方是因为自己才受苦的，眼泪就上来了。"啪！"打的又是对方，自己不敢睁开眼睛，只是加入了大声哭叫的行列。怎么一直打对方呢，他一定是受不了了，自己终于鼓起勇气："别打他了，你打我吧。"在一方说完的同时，两人都睁开了眼睛，可怜兮兮地对望了一下，对方竟然红着脸说："你说什么，不是一直在揍你吗？"疑惑中，双方扭过头去看家长，只见他正用那木板狠狠地在座椅的垫子上抽了一下——啪。也许，这一次教训会让孩子终生难忘。因为板子没有打在屁股上，而是打在了心灵上，让孩子真正意识到了自己的错误和家长的关爱。

当然，"空城计"并非长久之计，更非常用之计。诸葛亮一生不是也仅用了一次吗？"空城计"是一种教育孩子的艺术。通过艺术地设置和处理，营造一个有利于儿童成长的环境和氛围，打造孩子生活发展的"安乐窝"。孩子心安理得，家长心中有数，虚虚实实相映，彼此相包相容，促进和谐成长。在家庭教育问题上，在子女成长过程中，要随机应变，处乱不惊，知彼知己，沉着应对，掌控局势。"空城计"说到底是一种缓兵之计，家长还需针对子女教育中存在的问题和困境，及时进行学习和解决。

第二十四计 连环计

芳林新叶催陈叶　　流水前波让后波

对子女的教育要多计并用，环环相扣。良好行为习惯的养成不是一朝一夕的事情，需要环环相连、点滴养成。

在古代战争中，"连环计"是指多计并用，计计相连，环环相扣，一计累敌，一计攻敌，任何强敌，无攻不破。这里将其灵活运用于家庭教育中，对子女的教育也要多计并用，环环相扣。

第一，"素质教育"，环环相扣。这是一种系统连环。"素质教育"是针对传统的"应试教育"而提出来的，是指利用遗传、环境和教育的积极影响，在对学生的已有发展水平和可能发展潜力作出准确判断的基础上，充分发挥学生的主观能动性，使所有学生都在其已有发展水平上有所发展，都在其可能发展的范围内充分发展，从而促进社会意识向学生个体心理品质的内化。"素质教育"不仅是教育方式的深刻变革，也对家庭教育提出了全新的要求。"素质教育"是一项复杂的系统工程。要搞好子女的"素质教育"，学校教育、家庭教育和社会教育三个方面必须密切配合，环环相扣，缺一不可。家庭教育是"素质教育"的重要环节。家庭教育是学校和社会的素质教育基础，家庭教育水平的高低，决定孩子做人起点的高低。家庭教育不仅是学校"素质教育"的补充，而且家庭还可保证长期稳定地进行素质教育。良好的家庭教育还可以抵消学校教育和社会教育的某些不良影响，使孩子在成长过程中少走弯路，取得整个教育的最佳效果。

要搞好子女的"素质教育"，还应注意使孩子各方面素质全面发展，环环相扣。以往人们只强调学生要"德、智、体"全面发展，后来又提出"德、智、体、美、劳"全面发展。小学、中学和大学，学生"素质教育"的目标既有区别又相联系，总的来看，至少应包括：（1）身体素质；（2）心理素质；（3）政治思想素质；（4）智力素质；（5）科学文化素质；（6）能力素质；（7）道德礼仪素质；（8）审美素质；（9）生活劳动技能；（10）志趣爱好等诸环节或方面。由于长期受传统教育观念的影响，无论在学校教育还是家庭教育中，普遍存在着重智育轻德育、重知识轻能力、重灌输轻创造、重学习轻体育、重智商轻情商、重理科轻文科等问题或现象，这些问题不加以纠正和克服，不仅会妨碍子女的健康成长，而且还影响着整体国民素质的提高。

第二，学习环节，环环相扣。这是一种过程连环。高尔基说："读书，这个我们习以为常的平凡过程，实际是人的心灵和上下古今一切民族的伟大智慧相结合的过程。"学习本身是一个复杂的过程，其中包括许多环节和方面。要搞好子女的"素质教育"，还应注意引导孩子讲究学习方法，合理安排计划，抓好每一个学习环节。从大的方面说，学习应有预习、听课和复习三个阶段。预习又分课前预习、阶段预习和学期预习。主动和有效的预习可以为后来的学习打下良好的基础；听课是个关键阶段，应充分利用有限的时间，集中精力配合老师解决各种疑点和难点问题；复习又包括每课复习、单元复习和学期复习，这个阶段家长的监督和指导十分重要。

第三，学科内容，环环相扣。这是一种横向连环。学校对学生开设的课程，都是经过有关教育专家反复论证的，具有一定的系统性、科学性。家长要配合学校，鼓励和帮助孩子扎扎实实地学好每一门课，不要偏课，不要忽冷忽热。我国著名教育家、中国科学院院士杨叔子强调："科学与人文，和而不同。""科学求真，人文求善，现代教育应是科学教育与人文教育相融而形成一体的'绿色'教育！"因此，重理轻文或重文轻理都是片面的。科学解决不了方向问题，这要靠人文来解决，但人文也无法解决自身基础是否正确的问题，必须靠科学来帮忙。科学为人文奠定了正确的基础，人文为科学提供了正确的发展方向，两者并行不悖，同等重要。特别是中小学时期，主要是打基础的阶段，忽略了某一门课，会影响其他课程的学习，还会为以后的学习设下障碍。针对学校文理分科太早造成的学生知识偏颇，现在中学已经开始停止文理分科，以促进学生知识结构全面优化。家长要理解和支持这项改革，帮助孩子奠定良好的学习基础，防止过早偏科影响全面发展。

第四，知识层次，环环相扣。这是一种纵向连环。从低年级到高年级，课程内容的设置是本着循序渐进的原则和学生的身心发育特点而安排的。家长要引导孩子，一步一个脚印地学好每一个环节的内容，不可虎头蛇尾。即使有的孩子智力素质较好，可以跳级学习，家长也应帮助孩子把初级的内容自学一遍，以增强今后学习的后劲。

第五，纠正偏差，环环相扣。这是一种纠错连环。在学习和生活中，孩子由于各种原因，可能出现某些失误或偏差。为了有效地克服和纠正这些失误或偏差，仅用一个办法可能难以奏效，也不可能一次完成。因此，家长应有意识地设计一系列的环节，采取多种方法，稳扎稳打，步步为营，促使孩子沿着健康持续发展的轨道成长。如果孩子存在较严重的不良习惯（如网瘾），需要家庭、学校与社会相互配合才能解决和纠正，这就要形成三方联动机制。如果是一般性的不良问题，家长要联结家庭全体成员，共同协商对策，相互配合，联合行动，紧密合作，共同攻克或矫正儿童不良行为习惯，促进孩子健康和谐全面地成长。就拿儿童"父爱缺乏症"来说，既有观念方面的问题，即传统观念强调男主外、女主内，相夫教子是妇女的事；又有应试教育造成的问题，即孩子被过多的学习作业所占有，父亲很难介入；还有社会方面的原因，即过多强调男子要重事业、工作压力大。由此，要矫治相关问题，就必须实现家庭、学校与社会的联动。

居里夫人教育子女的方法就十分重视前后衔接、环环相扣。居里夫人原籍波兰，后成为法国的物理学家、化学家，一生科研工作十分繁忙，然而她很善于抓紧时间对子女进行早期教育，并能把握孩子智力发展的年龄优势。譬如，居里夫人在女儿不到1岁时，就让她开始所谓的"幼儿智力体操"训练，让她广泛接触生人，到动物园看动物，让她与猫玩；让她到公园去看绿草、蓝天、白云，看色彩绚丽的各种植物和人群；让她到水中拍水，使她感受大自然的美景。孩子大点后，居里夫人又开始了一种带艺术色彩的"智力体操"，教孩子唱儿歌和讲童话。再大些，就开始智力训练和手工制作，如数的训练，字画的识别，弹琴、作画、泥塑，让她自己在庭园种植植物、栽花、种菜等，并抽出时间与她散步，在散步时给她讲许多关于植物和动物的趣事，如种子是怎样在花里长成的、小老鼠和鼹鼠是怎样打洞的、哪里能找到兔子窝等。她的教育都力求从实物开始，且每天更新，以提高孩子兴趣。她还教孩子骑车、烹调等。全方位幼儿早期"智力体操"训练，不仅使孩子增长了智力，同时也培养了孩子的各种能力，增强了孩子的自信心，锤炼了性格。

人生的选择如同穿衣，青少年时期就等于系上了第一颗纽扣，每一个目标、每一个理想、每一份事业都是从这一颗纽扣开始。家庭教育就是教育孩子从小学会系好第一颗纽扣，认真系好每一颗纽扣。教育孩子最好的方法，是培养孩子形成良好的行为习惯。正如曼恩说的那样："习惯像一根缆绳，我们每天给它缠上一股新索，要不了多久它就会变得牢不可破。"良好行为习惯的养成不是一朝一夕的事情，需要环环相连、点滴养成。为此，家长必须对孩子好习惯的培养有一个整体打算和连贯设计，分步实施、层层推进，才能取得实效。

第二十五计　梦笔生花

忽如一夜春风来　　千树万树梨花开

对孩子的一些奇思怪想、小发明、小创造、小革新及时加以发现和鼓励，培养孩子的想象力、创造力。

有一个古代典故，说有个穷秀才在梦中发现他的笔发芽开花，终于状元及第。这个典故本来带有讥讽的意味，是贬义。我们这里反其意而用之，对孩子的一些奇思怪想、小发明、小创造、小革新及时加以发现和鼓励，培养孩子的想象力、创造力。

善于想象和创造是人区别于动物的重要标志。少年儿童富于幻想、好奇心强，家长要注意启发诱导，而不要打击挖苦。如果孩子从小受压抑，人云亦云，唯唯诺诺，敢想而不敢言，连智力的正常发育都会受阻碍，更谈不上将来有所发明、有所创造了。所以，儿童的求知欲、想象力要从小培养。而且有些少年儿童的发明创造是很有价值的。有的孩子自己亲手制作的多用书包、铅笔盒等，就很有创造力。

北京有个小学生，下雨天为了防止雨水打湿裤脚，就把一个塑料救生圈吹足气，套在小腿上，再穿上雨衣。这种做法被一位塑料制品厂的厂长发现了，就设计投产了一种新型雨衣。这位小学生因此获得了发明的专利。

上海一位小学生发明了一种多用篮球架，这种篮球架可以自由升降，根据不同年龄段学生的要求安在不同的高度。这项发明对于人口密集型的国家和大城市，有效地利用空间，具有重要的实用价值。

还有一位小女孩，一件旧上衣袖子短了，就让妈妈在袖子与领子的接合处各加上两片与旧衣服颜色不同的布条，显得很漂亮。后来被一位服装师发现了，就设计出一种新式服装，这种服装都在袖口夹有色彩鲜艳的布片，很受消费者欢迎。

这样的例子，还可以举出很多。小孩子喜欢想象，没有什么条条框框的限制，有些想法可能是很幼稚、很可笑的，家长应注意加以引导。对于那些不切实际的幻想，家长也不要嘲弄它，要知道那毕竟也是一朵不结果实的花。孩子有些初步的设想，家长如果觉得有价值有意义，可以帮助他进一步完善，如果有的想法违背科学、脱离现实，家长则要讲清道理，帮助他加以纠正。有条件的话，家长可以鼓励和帮助孩子参加一些小发明比赛，和小朋友们相互交流各自的发明和设想，积累创造发明的经验，增强这方面的兴趣和信心。

家长在日常生活中要注意启发孩子的想象力、创造力，训练孩子会动脑子、善动脑子。比如，像这样的图形：∩∩，让孩子想象都像些什么？想得越多越好。如桥洞、窗口、馒头、手指、兔子耳朵、窝头、桂林山水、窑洞、磁铁、试管、石碑、篷船、礁石……不同的想象可以看出儿童见识的广狭，也可以测出其想象力丰富的程度。

孩子喜欢想，想不通还要问。家长能解释的要尽量解答，不能解答的就引导孩子好好学习，多储备些知识，为将来搞更多更好更大的发明创造打下坚实的基础。家长要帮助孩子正确处理好创造发明与目前学习的关系，激发孩子学习的动力。

当代著名的大科学家爱因斯坦在他5岁的时候看见指南针不停转动，最后总是指向同一个方向。他心中顿时充满惊奇：没有一只手去拨动，怎么会发生这样的事呢？从这个时刻起，他相信事物中一定藏着某种秘密，等待着他去发现。爱因斯坦之所以成为伟大的科学家，就是从这个时刻开始的。保护好一颗爱幻想、善观察、求知欲强、勇于创新的"童心"吧，那是取之不尽的创造之源。

发明家爱迪生说过："天才就是1%的灵感加上99%的汗水。但那1%的灵感是最重要的，甚至比那99%的汗水都要重要。"1981年诺贝尔化学奖得主福井谦一说："有些人的构思来自逻辑思维，我的构思却大多来自直觉。直觉什么时候出来'工作'是没准儿的，因此要做到有备无患。"爱因斯坦说过："我相信直觉和灵感。""灵感并不是在逻辑思考的延长线上产生，而是破除逻辑或常识的地方才有灵感。"

美国一位科学家对60位诺贝尔奖获得者进行调查发现，30%的人经常出现灵感；50%的人偶尔出现；17%的人从未出现。阿基米得浮力定律的发现就是一个灵感思维的典型例子。

当时国王叫一个工匠替他打造一顶金皇冠。国王给了工匠他所需要的数量的黄金。工匠的手艺非常高明，制作的皇冠精巧别致，而且重量跟当初国王所给的黄金一样重。可是，有人向国王报告说："工匠制造皇冠时，私下吞没了一部分黄金，把同样重的银子掺了进去。"国王听后，也怀疑起来，就把阿基米得找来，要他想法测定，金皇冠里掺没掺银子，工匠是否私吞黄金了。这可把阿基米得难住了。他回到家里苦思苦想了好久，也没有想出办法，每天饭吃不下，觉睡不好，也不洗澡，像着了魔一样。有一天，国王派人来催他进宫汇报。他妻子看他太脏了，就逼他去洗澡。他在澡堂洗澡的时候，脑子里还想着称量皇冠的难题。突然，他注意到，当他的身体在浴盆里沉下去的时候，就有一部分水从浴盆边溢出来。同时，他觉得入水愈深，则他的体量愈轻。于是，他立刻跳出浴盆，忘了穿衣服，就跑到街上去了。一边跑，一边叫："我想出来了，我想出来了，解决皇冠的办法找到啦！"他进皇宫后，对国王说："请允许我先做一个实验，才能把结果报告给你。"国王同意了。阿基米得将与皇冠一样重的金子、一块银子和皇冠，分别一一放在水盆里，看金块排出的水量比银块排出的水量少，而皇冠排出的水量比金块排出的水量多。阿基米得对国王说："皇冠掺了银子！"

对于科学家、文学家和艺术家来说，灵感是他们进行创造性劳动不可或缺的非逻辑性思维之一。著名科学家钱学森说："我认为现在不能以为思维方式仅有逻辑思维和形象思维这两类，还有一类可称为灵感。也就是人在科学和文艺创造的高潮中，突然出现的，瞬息即逝的短暂思维过程。"音乐家柴科夫斯基曾体验过这种灵感，他描述道："当这种灵感来临时，人们简直会忘记一切，变成一个狂人，每一个器官都在战栗着，几乎连写出个大概来的时间也没有，就一个思想接着一个思想地发展着……"郭沫若在创作长诗《凤凰涅槃》时也遇上了这种灵感。他晚上行将就寝时伏在枕头上只是火速地写，全身感到有点发狂，表现出一种神经性的发作。其实，这种灵感无非是长期在人的潜意识中孕育着，积累到一定量就要爆发，并激活整个大脑，使左脑与右脑都高度活跃，神经元充满生物电，高度兴奋，于是产生灵感，并使人显现狂人状态。

美国教育家托马斯·阿姆斯特朗说：孩子们要经常从父母那里得到信号，来评价世界是否是一个值得研究的有趣的地方。可如今面对市场经济的冲击，有些家长过于功利、过于现实、过于浮躁，对孩子的幻想、兴趣、爱好不但不保护培育，反而嗤之以鼻，这实际上是扼杀了创新的幼苗。

正如金庸所说：知识经济时代，需要的是更多的创新，而不是记忆。这就要求广大知识分子特别是家长和教师，不但要具备丰富的知识，更要善于运用所掌握的知识进行创造和创新。只有自身实现从"文化人"到"创意人"的转变，才能适应时代的要求，才能培养更多的具有创新意识和创新能力的人才。从"文化人"到"创意人"转变，需要从教育和学习两方面实行变革。教育方面，必须转变教育观念，改革教育模式，创新教育手段。学习方面，要转变学习习惯，改变学习方式，创新学习方法，训练创新思维。知识改变命运，创意改变生活。好的创意就要出其不意，攻其不备，而不是邯郸学步、东施效颦。人无我有，人有我优，人优我特，人特我精，人精我转。不按常理出牌而又合情合理，这就是创意。

第二十六计　移花接木

纸上得来终觉浅　　绝知此事要躬行

培养孩子知识迁移能力，是培养孩子发现问题、分析问题、解决问题的良好方法，促进孩子思维能力发展，避免对知识的死记硬背，提高解决问题的灵活性和有效性。

相传古时候有位小学生学识字，先生在纸上画了个"一"，并教他念"yī"，可是一旦换个地方，比如在沙滩上画个"一"，他就不知道念"yī"了。还有位小学生，老师教给他"你我她"三个字，并解释说"你是我的学生，我是你的老师，她是你的女同学"。回家后，当父母问他学了什么时，他便将老师的话原封不动地向家长复述一遍。父亲听了很生气地说："错了！你是我的儿子，我是你的爹，她是你的娘！"第二天老师提问时，他又把父亲的话复述了一遍，结果受到老师的体罚。这样呆板的学生着实令人好气又可笑。

在现代生活中也有类似的情况。有位小学生，一句话可以熟练地背下来，但若挑其中的一个字，他却不知道念什么。例如在黑板上写"石榴花"三个字，他会念"石榴花"。但若指其中的一个字，他还是只会念"石榴花"。要避免孩子死记硬背、古板僵化，就要善于培养孩子灵活运用所学知识的迁移能力，也就是培养孩子会"移花接木"的本领。培养孩子知识迁移能力，是培养孩子发现问题、分析问题、解决问题的良好方法，促进孩子思维能力发展，避免对知识的死记硬背，实现知识点之间的贯通理解和转换，构建知识结构网络，从而提高解决问题的灵活性和有效性。

要培养孩子运用知识的迁移技能，首先必须帮助孩子灵活地理解所学的知识。一个词、一个公式往往有多种意义和用途，在不同的环境和条件下，它们会分别表达不同的含义。先帮助孩子准确地理解，课本上特定背景下专指什么意思，然后再引导启发孩子它们在别的地方还会代表什么意思，并相互比较一下这些意思之间的异同之处。有些字的意思虽相近，但用在一句话中哪一个更贴切，需要仔细推敲。古时候就有"僧推夜下门"还是"僧敲夜下门"，一字费斟酌的例子。现在中小学生学外语，灵活地理解每个词组，掌握运用迁移的技能，也显得格外重要。有的孩子在学习中过于重视对知识个体的孤立、机械性记忆和理解，就事论事，割裂了知识点间的联系，缺乏对知识点之间关系的融合性理解与应用，窒息了解决问题的能力。家庭教育中重视学习的迁移问题，要求学习的目标是孩子形成能够举一反三、灵活运用所学知识解决类似问题的能力和方法。

其次，要帮助孩子通过练习，学会灵活地运用所学的知识。同一种知识会有不同的用途，同一道题可能有不同的解法。家长可以有意识地让孩子尝试不同的用法、解法，再对比一下哪种用法、解法更简便、更科学。例如记这样一个15位数：149162536496481。靠死记硬背比较困难，要灵活地记住它，可以用1—9的平方数来记，即 $1^2 2^2 3^2 \cdots\cdots 9^2$。又如，要记这样一个17位数：81726354453627189。可以有五种办法：①隔位数数，从大到小和从小到大交叉进行；②从头开始，相邻两位数之和是9；③从第2位数开始，相邻两位数之和为8；④从两个4之间画竖线正好分开对称；⑤按"九九歌"，从大到小排列，即九九八十一、八九七十二……在日常生活中，有些比较熟悉的日用品，除了正常的用途外，让孩子再说说还有哪些非常用途？如暖水瓶，除打开水外，还可以闷稀饭、发海参、装茶叶、盛雪糕等。一只小小的回形针，竟可以设计出成千上万的用途！

最后还应引导孩子将所学知识尽量与实际操作结合起来，在实践中灵活地应用所学的知识、技能。所谓熟能生巧，劳者多能，通过运用也有助于孩子加深对所学的知识的理解。也可以引导孩子运用所学的知识、原理分析解释现实生活中遇到的一些现象或问题。叶圣陶说：凡是能力，总要在实践中锻炼。毛泽东也说：读书是学习，使用也是学习，而且是更重要的学习。所以，要引导孩子活学活用，学以致用，以用促学。

需要注意的是，多年来的应试教育，搞得孩子只会记标准答案，在考试题中也只有一个"标准答案"，其实另外的答案也是正确的。这样一来，对孩子灵活理解和运用知识的能力是一种限制和压制。这种情况已经引起社会的关注，家长在教育子女时也要引以为戒。学习是一个逐步积累和不断提高的过程，任何成功的学习都是建立在原有知识经验的基础之上的。迁移是学习的普遍特征，任何学习都存在迁移现象。学习结果的顺利迁移能够给学习者带来事半功倍的学习效率，也能够使教育更充分地发挥作用。培养孩子能力的目的就在于教会孩子如何学习、如何运用知识，而这些能力培养的关键就是使孩子掌握知识迁移的本领，促进积极迁移的大量产生，进而提高孩子的综合能力，所以，如何促进有效迁移的大量发生，对提高学习效率具有重要的意义。运用迁移规律可以培养儿童逻辑思维的灵活性，提高知识的概括水平。在迁移过程中，必须依据儿童已有的知识经验去辨别学习新的知识。如果已有的经验概括水平较高，反映了事物的本质，并把它纳入到已有的知识系统中去，这样迁移就顺利，新知识、技能就得以接受与掌握。

有一个"看样学样"的故事。故事说有一家的女儿要出嫁，需要安排一帮亲朋好友抬嫁妆。一个小伙子被邀前往。小伙子从没干过这种事，心里很打怵。大家安慰说：不用怕，你叔叔经验丰富，你就跟着他学就行。于是，小伙一路紧盯着叔叔的一言一行，亦步亦趋，看样学样。雨雪路滑，叔叔一不小心摔了个仰八叉，帽子甩出去很远。小伙也抓紧仰躺在地，只是帽子没掉，他就赶紧把帽子扔出去。吃饭时他盯得更紧了，举手投足学得一点不差。结果搞得叔叔实在忍不住扑哧一笑，粉条从鼻孔流了出来。小伙一看起身就走。边走边说："这个太难了。摔八叉，甩帽子俺会，鼻孔出粉条可不会。"如果我们教育出来的孩子都像这抬嫁妆的小伙这样机械，真是可笑又可悲！

敢试才能创新，敢做才会成功。1986年物理学奖得主宾尼希，在他小时候，由于父母不让他随便打电话，他就自己想办法，用两个罐头盒和一根紧绷的长绳子制作了一部土电话机。当孩子们能够用它在相邻房间清楚地通话时，他品尝到了成功的巨大快乐。后来，他因研制可以拍摄到原子结构的光栅隧道显微镜而得奖。美国人最爱说的一个单词是"try"（试），大家也习惯于没见过的东西都要去"try"一下，许多新玩意儿就是这样"try"出来的。什么都敢"try"，这正是一个民族有生气的表现。试想，如果没有一代一代人大胆地设想和勇敢地试验，人类不可能造出飞机飞上天，我国也不会有"神舟五号"顺利升天并返回，更没有"嫦娥奔月"成功探索。

家长要教育引导孩子运用创新思维，通过科学而新颖的创意为人们造福。科学的创意首先来自细心的观察和缜密的思考，从而有所发现，有所创新。一个好的创意能够帮助人们解除生存危机，改善和美化生活。

智利北部有一个叫丘恩贡果的小村子，西临太平洋，北靠阿塔卡玛沙漠。特殊的地理环境，使太平洋冷湿气流与沙漠上的高温气流终年交融，形成了多雾的气候，可浓雾丝毫无益于这片干涸的土地，因为白天强烈的日晒会使浓雾很快蒸发殆尽。一直以来，在这片被干旱统治的土地上，看不见绿色，看不到生机。

加拿大一位名叫罗伯特的物理学家在进行环球考察时经过这片荒凉之地，之后他住进村子。结果他发现一种奇异的现象，这里除蜘蛛外没有其他任何生物。这里处处蛛网密布。蜘蛛四处繁衍，生活得很好。为什么只有蜘蛛能在如此干旱的环境里生存下来呢？这引起了罗伯特的极大兴趣。借助电子显微镜，他发现这些蜘蛛的蛛网具有很强的亲水性，极易吸收雾气中的水分。而这些水分，正是蜘蛛能在这里生生不息的源泉。

于是，在智利政府的支持下，罗伯特研制出一种人造纤维网，选择当地雾气最浓的地段排成网阵，这样，穿行其间的雾气被反复拦截，形成大量水滴，这些水滴滴到网下的流槽里，经过过滤、净化，就成了新的水源。从此，这片昔日的荒漠，长出了鲜花和蔬菜。

所以，要让我们的孩子知道，世界上从来没有真正的绝境，有的只是绝望的思维，只要心灵不曾干涸，再荒凉的土地，也会变成生机勃勃的绿洲。思路决定出路，创意引领生活。

第二十七计　磨杵成针

业精于勤荒于嬉　　行成于思毁于随

家长对子女的教育辅导工作要持之以恒、坚持不懈才能最终取得成功；家长还应使孩子懂得，学习不是一蹴而就的事，不能急于求成，要勤学不辍才会取得成功。

我国唐代有一位大诗人叫李白，他的诗脍炙人口，很受欢迎。像《静夜思》："床前明月光，疑是地上霜，举头望明月，低头思故乡。"连一些小孩子都能熟练地背诵出来。可是，李白小时候有个坏毛病，他经常逃学。有一天，他又逃学了，走到一条小河边，看见一位老婆婆在石头上磨一根铁杵（chǔ）。他感到很纳闷儿，就问道："老奶奶，你磨这铁杵干什么？"老婆婆说："我女儿要出嫁，我把它磨成绣花针，给女儿做陪嫁。"又问："铁杵这么粗，什么时候能磨成绣花针呀？"答曰："只要功夫深，铁杵磨成针。"李白听了很受感动，从此再也不逃学了，下功夫学习、写诗，终于成为名垂千古的大诗人。我们对子女的教育也是如此，一方面家长对子女的要求、期望不要太高太急，教育辅导工作要持之以恒、坚持不懈才能最终取得成功；另一方面家长还应使孩子懂得，学习不是一蹴而就的事，不能急于求成，要勤学不辍才会取得成功。

家长往往盼子成功、望子成才，恨不得自己的孩子一点就通，马上成为神童，而事实上，家长心里越急，越缺乏耐心，教育效果越差，子女也容易产生抵触情绪。古语云，"绳锯木断，水滴石穿"。"不积跬步，无以至千里；不积细流，无以成江海。"知识的积累、智力的提高，都需要一个长期地学习、锻炼和蓄积的过程，只有通过刻苦地努力，才能有较大的飞跃。所谓"功到自然成"就是这个道理。古代哲学家荀子也说过："骐骥一跃，不能十步；驽马十驾，功在不舍，锲而舍之，朽木不折；锲而不舍，金石可镂。"（《荀子·劝学篇》）。意思是说，好的马一下也不能跳出十步远，差的马拉车走十天，也能走很远，它的成功在于不放弃。如果半途而废，即使是一块朽木，你也刻不动它；然而只要你一直刻下去不放弃，哪怕是金属、石头，都能雕刻成功。所以，无论治学、办事，一定要有"锲而不舍"的精神，不能半途而废。

过去有位书生一心想具有渊博的知识，却又不愿下苦功夫读书，于是他就去向当时著名的诗人陶渊明请教学习的捷径，说明来意后，陶渊明把这位书生领到自己耕种的稻田边，指着稻子说："你仔细看看稻子是不是在长高？"书生看了半天，眼睛都瞅酸了也没有看出稻子的变化。陶渊明说："那为什么春天的稻苗会变成现在尺把高的稻子呢？"

陶渊明又把这位书生领到河边的一块磨刀石旁问："磨刀石为什么中间出现像马鞍形状的凹面呢？"书生说："磨下去的。"陶渊明接着又问："它可是哪一天磨成的吗？"陶渊明说："你是否从这两件事情上明白了学习的道理呢？勤学如春起之苗，不见其增，日有所长；辍学如磨刀石，不见其损，日有所亏啊！"书生听了陶渊明的这一席话，茅塞顿开，羞愧地说："多谢先生指教，你使我懂得了学习是没有捷径的，只有勤奋好学才能成功啊！"的确，学习是没有捷径可走的。这正如我国伟大的文学家、思想家、革命家鲁迅先生所说："伟大的成绩和辛勤的劳动是成正比例的，有一分劳动就有一分收获，日积月累，从少到多，奇迹就会创造出来。"

传说孔子潜心研读用竹简写成的《易经》，把穿《易经》那部书的牛皮带子都磨断了，竟先后换了三次，后人把这段故事叫"韦编三绝"，用它来形容孔子勤奋、刻苦的学习精神。我国晋代书法家王羲之，他的父亲在当时也是一个很有名气的书法家。父亲曾给他讲书法家张芝的故事，张芝为了练好字，把院子里水池中的水都染黑了。他便下决心，学习张芝，勤学苦练。他家后院也有一个大水池子，他每天练完字就到那里去洗笔和砚台。寒来暑往练了一年多，那水池也没变色。他有些着急了，问父亲："这水池怎么还不变色呀？"父亲说："张芝把水池染成黑色，可不是一时之功，你说是不是？"王羲之听父亲一说马上明白了，要想写好字，必须坚持不懈，非下苦功不可。他便时时用张芝的故事鞭策自己，写了好几年，那水池竟真的变成和墨汁一样的颜色了。由于他这样勤苦地练字，终于成了一个了不起的大书法家。直到现在，我国好几个地方都有王羲之的"墨池"。

常言说，学习如逆水行舟，不进则退。学习如果三天打鱼，两天晒网，没有常性，是不能取得成功的。孟子年少时，学习不能持之以恒。一天孟子回家时，孟母正在织布，知道孟子中途废学之后，就用刀剪断正在织的纱。这时孟子大为惊讶，忙问孟母为什么这样做。孟母因势利导教训他说："你废学，就像我断织一样，毕竟不能成功。"自此，孟子觉得不持之以恒地勤奋学习，恐怕不会有所成就，于是拜子思为老师，日夜勤学不已，最终成为一代名儒。对于少年儿童来说，学习总不如玩那么自由自在，也不可能一帆风顺，总会有种种困难。家长要教育孩子，善于克服困难，知难而进。有时候，战胜了眼前的困难，解决了一个大难题，学识则会上一个台阶。当孩子出现厌学情绪时，要及时进行说服教育，必要时还要激励孩子，让他知道家长的辛劳和良苦用心，不要辜负大人的期望。

天才出自勤奋。世上没有什么"生而知之"的圣人、先哲，一切知识和智慧都要靠后天的学习、实践获得，鲁迅先生就说过：哪里有什么天才，我是把别人喝咖啡的时间都用在学习和工作上的。即使有些先天素质较好的孩子，如果忽视了持之以恒的培养、学习、教育，原有的聪明也会逐渐泯灭、消失。我国宋朝有个叫方仲永的小孩，小时候很会作诗。他父亲以此到处炫耀，让孩子作诗挣钱，却不让他学习深造。终于，方仲永的"才气"逐渐耗竭，最后写的诗也没有什么诗意了。现在的年轻夫妇都懂一点优生优育的道理，子女也少了，因而孩子的先天素质和家庭条件都比较好。但决不能以此而忽略对子女的教育培养。先天素质好只是为学习知识提供了较好的条件，要真正取得成功，还需家长和孩子的共同努力。

学好每一门功课，掌握每一门技术，也不能期望一下子就学好，也需要从基础知识、基本技能学起，持之以恒、长期不懈。孩子学习恒心的形成，既需要适时地激励，也需要点滴地培养。要通过辅导家庭作业和其他学习训练，帮助孩子增强学习的乐趣和信心。

不仅如此，好的行为习惯养成也需要恒心。曾经有一位生来就驼背的波斯王子，在他12岁生日那天，父王答应送他一件他希望得到的礼物。出乎意料的是，王子要一件自己的雕像，而那雕像必须有一个完美的躯体，挺直而美好。雕像做好后就放在宫廷的花园里，每天早晨起床后和晚上睡觉前，他都要到自己的雕像前伫立一会儿，并且自己对自己说："这就是你，王子！这就是你长大后的样子，挺拔的身躯，英俊的面庞。"就这样，石雕的图像一天天在王子心中扎下了根，成为他的梦想和信念。每天晚上躺在床上，他都比前天晚上把身子伸得更直些，每个白天走路时，他也努力将胸膛挺得更高些，日复一日，年复一年，王子坚持着自己的信念，等到他长大成人后，人们惊奇地发现，那个驼背的少年王子，变成了一个英俊挺拔的青年。

让我们记住法国微生物学家、化学家巴斯德的忠告："告诉你使我达到目标的奥秘吧，我唯一的力量就是我的坚持精神。"无论是家庭教育、孩子的学业还是我们的事业，成功往往孕育在坚持不懈之中。

第二十八计　点石成金

鸳鸯绣出从君看　　金针还须度与人

在子女教育中关键的不是送给孩子现成的"金子"，而应善于教给孩子以点石成金之术，即思考和解决问题的好方法。

从前有一位很有本领的道人，只要他用手一指，面前的乱石立即会变成黄金。一天，他让众徒弟坐在他四周，自己用手指点着地下一堆石块，立刻石块都变成了黄澄澄、亮光光的大小不等的金块。众徒弟看了又惊又喜，个个拍手叫好。道人对徒弟说："每人选一块金子，拿去买点吃的用的吧！"徒弟们都扑到黄金堆里去翻拣，有的要选一块颜色最黄的，有的要拣一块亮光最足的，有的想找一块最大最大的，大家东翻西找忙个不停。这时却有一个徒弟，他没有去拿金块，只是呆呆地站在道人旁边，两只眼睛睁得大大的紧盯着师傅点金的手指看，边看边思考。道人问他："你为什么不去挑选你最喜爱的一块金子呢？"这徒弟回答说："金子虽好，但一用就完，我看中了师傅那个点石成金的指头。"这个故事启示我们，在子女教育中关键的不是送给孩子现成的"金子"，而应善于教给孩子以点石成金之术，即思考和解决问题的好方法。

孩子遇到什么难题，家长不要简单地将答案告诉孩子就算完事。而应告诉孩子是用什么方法解决这一难题的，并教育启发孩子再遇到此类问题要多动脑、想办法，学会"遇河搭桥"。如果孩子每次问问题家长都是简单地给一个现成答案，长此以往不仅会使孩子产生依赖心理，还会养成懒于思考的不良习惯。

要教给孩子点石成金的本领，就是要注意培养孩子解决问题的创造性、创新性。例如，巧填运算符号，使1 2 3 4 5 6 7 8 9＝100成立。像这种情况，如果等号后面数小，就先从大数开始，用÷号，再减，减过了头再加。如果后面的数大，就先从大数开始，用×号，再加，加过了头再减。上面的算式属于第二种情形，可填成：1＋2＋3＋4＋5＋6＋7＋8×9=100。再比如，要在短时间内记一个17位数：81726354453627189。如果靠死记硬背从头到尾记下，很费脑筋且难以记住，而若分析一下，找一找它的规律性，运用几种不同的方法（隔位数数、九九递减法、对称法、加和法等）就很容易记住了。凡事都有个方法，而且往往不止一种方法。孩子的聪明关键就是要养成善于思考、会想办法的好习惯。有了好方法，才能收到事半功倍的效果。

俗话说，授人以鱼，不如授人以渔。要教给孩子点石成金的本领，还应注意在日常生活中经常培养训练孩子多观察、勤思考。比如，爸爸和孩子从外面回来，爸爸说："让我们一起猜猜妈妈回来了没有？"然后爸爸去车棚看了看，说出一个结论。孩子也说出一种结论。最后证明爸爸说对了。孩子纳闷儿，问爸爸是怎么猜出来的。爸爸就告诉孩子："我去看车棚里有没有妈妈的车子就知道了。"这就是教孩子学会简单地推理。

著名教育家陶行知就曾讲过"点石成金"的故事，以此对少年儿童求知学习的方法进行指点。他说："世上有多少人被闪闪发光的金子迷惑，而忘记了点石成金的指头。"同学们在学校求学，可不能光想要得到老师和书本传给你们的现成知识。这些知识虽好，但仅仅是世界上所有知识的一个部分。随着时代的发展，这些现成的知识会不够用的。有的会用不上了，有的会显得陈旧了。有些同学拼命把老师和书本上的知识死记硬背，即使你能全部背出，你在追求学问的大道上还会碰到许多新事物、新问题，到那时你能责怪老师没教过、书本上没见过吗？死记硬背不思考，是书呆子的学习方法。这些学生，老师"教多少"，他就"记多少"，这样，是赶不上时代、超不过老师的。一批批的学生都比老师差，那么，我们的国家就会一代不如一代。我们求学必须要学会寻找知识的途径和方法，这就是要拿到开发文化宝库的金钥匙，也就是这只"点石成金"的指头。这样，你们自己就可以一辈子毫无止境地去探求知识，你们就能超过老师，我们的国家就能一代更比一代强。

要教育引导孩子掌握"点石成金"术，就是要学会创造性思维。创造性思维是一种开创性的探索未知事物的高级复杂的思维。它是以感知、记忆、思考、联想、理解等能力为基础，以综合性、探索性和求新性为特征的高级心理活动。创造性思维是指有主动性和创见性的思维，通过创造性思维，不仅可以揭示客观事物的本质和规律性，而且能在此基础上产生新颖的、独特的、有社会意义的思维成果，开拓人类知识的新领域。

创造性思维是在抽象思维和形象思维的基础上和相互作用中发展起来的，抽象思维和形象思维是创造性思维的基本形式。除此之外，还包括扩散思维、集中思维、逆向思维、分合思维，联想思维等。创造性思维是创造成果产生的必要前提和条件，而创造则是历史进步的动力，创造性思维能力是个人推动社会前进的必要手段，特别是在知识经济时代，创造性思维的培养训练更显得重要。其途径在于丰富的知识结构、培养联想思维的能力、克服习惯思维对新构思的抗拒性，培养思维的变通性，加强讨论，经常进行思想碰撞。

"点石成金"就是要教育引导孩子注重方法、着力创新，能够化腐朽为神奇。1974年，美国政府清理为自由女神像翻新而丢下的废料，向社会招标。几个月过去了，无人应标。这时正在法国旅行的麦考尔公司董事长听说后，立即飞往纽约，看过自由女神像下堆积如山的铜块、螺丝和木料后，未提出任何条件，当即就签了字。纽约许多运输公司对他的这一愚蠢举动暗自发笑，因为在纽约，垃圾处理很严格，要花不少费用。搞不好还会被环保组织起诉。就在人们准备看这个犹太人的笑话时，他开始组织工人对废料进行分类。废铜熔化后制造成小自由女神像，水泥块和木头加工成底座，废铅、废铝做成纽约广场的钥匙。最后他还让人把从自由女神像身上扫下的灰尘包装起来，出售给花店做肥料。不到三个月的时间，他让这堆废料变成了350万美元现金，每磅铜的价格翻了一万倍。

　　"点石成金"还有一层意思，这就是当孩子误入歧途、冥顽不化的时候，家长不要灰心，而应想办法及时加以点化，促其转化或开化，加强学习和锻炼，成为有用之才，所谓"浪子回头金不换"嘛。由于各种原因，我们的孩子成了所谓"问题孩子"甚至"坏孩子"，做家长的不能放弃，而要采取对策认真做好转化工作。问题孩子往往表现为学习成绩差，无心学习，自己不想搭理别人，别的孩子往往也不愿搭理他，从而感觉心灵空虚和无聊，因此爱逃课、爱睡觉、对什么都持无所谓的态度，常令家长和老师们觉得无奈。针对这样的孩子，家长首先要抓住他们的心理，要让他们觉得无论在家里还是到学校都很有趣，注意少对他们嚷嚷和条条说理，而要多尊重和了解其心理感受。要注意培养孩子的意志力，营造家庭快乐气氛，坚持教育是孩子心灵的呼唤、家长是洒播阳光的人，没有规矩不成方圆，多管齐下推进孩子积极转化。只有意志才能使问题孩子克服学习的困难，只有意志才能使孩子改掉坏习惯，培养问题孩子的意志力才能治根治本。而培养孩子的意志力是一项光荣而艰巨的任务，它需要有目的、坚定、持久、自觉、果断、坚韧的执行。家长要有"衣带渐宽终不悔，为了孩子而憔悴"的精神和毅力。

第二十九计　声东击西

东边日出西边雨　　道是无晴还有晴

面对孩子的任性或逆反心理，不防迂回一下，略使小计，来它个声东击西，转移其注意力，教育效果会好些。

所谓"声东击西"，是指表面上或口头上嚷着攻打这边，实际上却攻打那边。有意识地造成错综复杂、危机四伏的处境，我方一定要抓住敌人不能自控的混乱之势，机动灵活地运用时东时西，似打似离，不攻而示之以攻，欲攻而又示之以不攻等战术，进一步造成敌人的错觉，制造假象，引诱敌人作出错误判断，出其不意地一举夺胜。

不知从什么时候，人们都学会了用"逆反心理"来说明孩子难管难"缠"。的确，有时候小孩总是任性得很，你越是不让他那么做，他越是要那么做。该怎样应付这种现象呢？不妨迂回一下，略施小计，来他个声东击西，也许效果会好些。

孩子趴在地上哭了，越劝哭得越来劲，就是不起来。爸爸说："再哭，我打你的屁股！"妈妈说，"快闭上嘴，烦死了"。都不奏效。孩子好奇心强，注意力很容易分散。针对这个特点，奶奶想了想，突然像有所发现："哟，快来看哪，树上的两只小鸟在打架。哎哟，打得好惨哪。"孩子止住了哭声，抬起泪眼往树上瞧："小鸟在哪儿呀？打架干什么？"奶奶顺势拉起孩子，祖孙之间展开了一段关于鸟的对话。

孩子特别喜欢玩电视机的遥控器，有时还拿着妈妈的手机不放，玩儿着玩儿着就给扔地下了，可是这些东西都不能摔，一摔就坏掉了，还得花钱去修理。怎么办呢？不妨想办法找个类似的东西来替代，比如常用的计算器，上面也有很多个键，长得和手机差不多，摔到地下一般也不会坏。孩子想要玩儿手机、相机的时候，就把计算器拿到他面前引导他按键，一会儿工夫他就把玩儿手机的事儿给忘了。当然，有条件的话买个类似手机之类的儿童玩具更有助于问题的解决。再如，孩子喜欢吃烤羊肉串，家长可以转移孩子的注意力，淡化其物质需求。妈妈可以说："现在空气污染这么严重，你看，为了保护环境，街上卖羊肉串的都没有了。你看，那个人那么胖，走路都喘，咱们吃多了羊肉串，也变得那么胖，多难看……"

大人在做正事，孩子来"帮忙"，搞得大人干不成，轰也轰不走。干脆先停下手中的活，找一些玩具，比如说积木，在那里玩起来，边玩边自言自语如何好玩。孩子动心了，也过来玩积木，一会儿便沉浸在自己设计的图案中了。孩子骂人、说脏话，越制止越说得厉害，干脆领唱支儿歌，讲一段故事，转移孩子的注意力。

孩子大了，有些事不愿与父母说，也不让父母说，甚至越说越反感。比如，孩子情窦初开，有了朦胧的情感，对异性有所向往，并且陷入早恋之中，甚至"失恋"了，不能自拔。家长的话听不进去，自己陷入痛苦之中，学习成绩急剧下降，家长吹胡子瞪眼大吵大骂也无济于事，只能使问题更糟。孩子反而质问家长："你们知道什么是爱情？！"面对僵局，家长要冷静下来，动动脑子，先帮助孩子把注意力转移开来，比方说出去旅游，串亲戚，或干些其他孩子感兴趣的事情。待孩子情绪稳定之后，再做思想工作效果就会好些。

由于物质生活提高了，现在的孩子往往浪费问题严重，家长想进行反对浪费，提倡勤俭的教育活动。但是，如果直接教育，孩子有逆反心理，影响教育效果。不妨来个"声东击西"。

家长说：口才是人生最重要的能力。历史上，公元前630年郑国的烛之武凭口才退秦师，1994年美国前总统卡特舌战塞德拉斯，解决海地危机。因此，家长决定搞一次口才竞赛，看咱们家谁的口才最好。

第一项训练内容：说话要中心明确，条理清楚。怎样做到中心明确，条理清楚呢？用"中心句"是一种好形式——它可以起到"提纲挈领"的作用。下面以"我家有许多浪费现象"作中心句说一段话。于是孩子们踊跃发言，举出了许多浪费现象，像剩饭剩菜、在桌布上乱画、过生日去酒店大吃大喝等。

家长接着说：这些浪费现象，在穷人家是罪过，但在我们家孩子身上，可以理解，因为我们家比较富裕，对不对？

于是，家庭成员分为两方辩论：一方主张"家庭富裕可以浪费"；一方主张"家庭富裕也不能浪费"。于是家长进行第二项口才训练。大家分别举手，亮明自己的观点。结果绝大部分家庭成员在不能浪费一方。大家纷纷摆事实，讲道理：历史上哪个朝代由于勤俭而兴盛，哪个朝代由于奢侈而灭亡？著名人物艰苦奋斗的事例。还有提倡勤俭，反对浪费的名言。

家长告诉孩子，你收集到的材料越多，你讲出的道理也越雄辩。收集材料，既可以自己翻书查找，也可以上网搜索。然后家长约定，周末晚上举行辩论。比赛正式开始后大家争先恐后地发言：咱家富裕，能富过封建帝王吗？连唐太宗李世民都说过："朕每一食，便念稼穑之艰难；每一衣，则思纺织之辛苦。"他还有名言："一粥一饭，当思来之不易；一帛一缕，恒念物力维艰。"封建帝王都如此节俭，我们有什么理由浪费？咱家富裕，能富过华侨巨商陈嘉庚吗？陈嘉庚认为，花钱太多了，"贤者损其志，不肖者助其恶"。因此他不给子女留遗产，把钱全部用来办教育，而且他本人生活极其简朴，一条棉被盖了几十年，一身布衣穿了十几年……

大家讲出大量事例和道理：美国总统林肯穿破皮鞋，英国首相撒切尔夫人请尊贵的客人吃饭竟只有一道菜，世界首富洛克菲勒不给孩子零花钱，加拿大首富汤姆森买降价的面包，著名科学家爱因斯坦穿旧大衣，商纣王"酒池肉林"导致亡国……

最后我们评出这次活动发言最积极、口才最好的孩子。

这次教育活动的成功在于，由于"声东击西"，消除了孩子的逆反心理——进行思想教育要尽量隐藏自己的教育目的，教育应具有"隐含性"的特点。以口才训练为名，而不以思想教育为名，家长不但不说教，反而故意欲擒故纵，让孩子自己教育自己。这比说教，比把正确观点强加给孩子效果好得多。摆出的事实有较强的感染力，加入了比赛的因素，激发了孩子参与的积极性，也增进了活跃气氛。

当然，这里所说的声东击西，决不是对孩子进行欺骗教育，而是针对孩子的逆反心理和倔脾气而采取的一种策略性方法，目的是更好地克服或解决孩子的某些棘手的问题。声东击西的办法要因人因事而异，不能简单地重复使用，不然让孩子摸着了规律或知道了大人的心思。这种办法也就失效了。

关爱儿童，从心开始。声东击西，促进发展。身心健康，才有好成绩。全国人大常委会原副委员长许嘉璐曾指出：当前我国青少年最大的问题不是"身"的保护，更多的是"心"的问题。对未成年人"心"的关怀应该加强。由于社会的急剧变革和社会环境的复杂化，青少年在成长过程中难免会产生忧虑、苦闷、彷徨的心理，形成思想的疙瘩和心理方面的压力。大禹治水，益在疏导。

要创造适当的宣泄条件，让青少年将心中的苦闷和烦恼发泄出来，以避免个体间的相互感染引起群体的不安定因素。我国著名心理学家潘菽曾指出：不仅有害物质能造成各种各样的身体疾病和精神疾病，有害的心理因素也有同样的作用；不仅药物能治病，良好的心理素质和积极精神状态，对于身体和精神的疾病也常常能起到治疗或有助于健康的作用。

　　我们要切实解决青少年成长过程中面临的实际困难和问题，制定和推行有利于青少年成长、发展和脱颖而出的政策、措施。积极开展各种健康有益的活动，帮助青少年树立科学的世界观与人生观，辩证地看待人生的顺逆得失，在投身改革、建设祖国的事业中实现自身的价值。

第三十计　暗度陈仓

醉翁之意不在酒　　在乎山水之间也

　　针对孩子的身心特点，采取点策略和艺术，融教育于特殊的方式和方法之中，或者用某种教育手段、活动而达到另一种教育目的。

　　据《史记》记载，项羽封刘邦为汉王，刘邦在前往自己封地的途中，把用木料修成的栈道全部烧掉，以防备别人来偷袭，也向项羽表示无意再回关中。后来，刘邦趁有人起兵反对项羽的机会，派大将军韩信带兵东征。韩信派人去修复栈道，装出要从栈道出击的样子，暗中却进攻陈仓，袭击雍王章邯。这就是所谓"明修栈道，暗度陈仓"。我们可以将这一计灵活地运用于家庭教育中，针对孩子的身心特点，采取点策略和艺术，融教育于特殊的方式和方法之中，或者用某种教育手段、活动而达到另一种教育目的。

　　据调查显示，我国城市独生子女人格有五大优点和四大缺陷。五大优点是：（1）珍惜友谊；（2）充满自信，乐观；（3）乐于助人；（4）自我提高需要较强；（5）兴趣爱好广泛。四大缺陷是：（1）攻击性强；（2）成就需要低；（3）勤劳节俭差；（4）学习动机扭曲。针对这种情况，要帮助孩子发扬优势，弥补不足，家长要多思考子女教育的策略性、艺术性。培养塑造孩子健全的人格，是家庭教育的关键，而针对孩子的实际情况，又不可能进行单纯的理论说教。由此，多采用迂回的方式，灵活的方法，多样的形式，艺术的手段，最终才能达到培养孩子完美人格的目的。否则，一味地进行道德说教，你要怎样，你不能怎样……说得多了，孩子听不进，甚至也听不懂那些大道理，结果往往是收效甚微。

对于孩子的缺点和任性，采取强迫手段进行处理是不行的，而必须讲究点策略和艺术。著名教育家陈鹤琴先生在《家庭教育》一书中曾写道：今天下午我手里拿着一架照相机，叫我妻子把我们女儿秀露放在椅子里，准备要替她拍照的时候，我儿子一鸣抢先爬到椅子上，要我替他拍照。我再三劝告他，他就是不肯。后来我就笑着对他说："一鸣！你听着！我叫一、二、三，我叫'三'的时候，你就爬出来，爬得越快越好！"他看见我同他玩，也很高兴地答应我。我就"一、二、三"地叫起来，叫到"二"的时候，他一只脚踏在椅子的坐板上，两只手挨在椅子边上，目光闪闪地看着我，等到我说到"三"的时候他就一跃而下，以显示他敏捷的样子。另有一位小朋友，经常任性不讲理。家长便和他一起玩游戏。家长扮小弟弟，他扮大哥哥。游戏中小弟弟捣乱不听话，乱扔物品，他就不停地帮助整理物品，教"弟弟"如何守规矩。其实，"弟弟"所使用的方法正是他平时任性的表现。这样他从中体会到了做个大人也不容易，以后也就自觉地改掉一些坏毛病。

孩子更多地是希望得到家长的肯定和表扬，而不愿意接受批评。针对儿童的这一心理特点，可以把批评包容在表扬之中。比如，一位家长对一位爱好文艺但有些娇气的孩子说："孩子，你天资聪颖，你那如小天鹅般的舞姿，如百灵鸟般的歌喉，多少次陶醉了大家，我们家为拥有你这样一位小天使而自豪、骄傲。然而，生活的道路上并不都是掌声、鲜花和笑脸，而是会遇到意想不到的这样那样的困难，希望你能从现在开始，用行动搬开成功路上的两块绊脚石——'娇、骄'二字。"儿童心理处在发育成长时期，对接受批评的承受力是比较弱的，直言不讳地指责孩子的缺点，可能会挫伤孩子的积极性，但又不能不纠正其不足，所以艺术地处理一下，效果会更好些。

有时，可以用某种教育手段，达到另一种教育目的。当今社会，独生子女越来越多。由于独生子女缺少同龄伙伴，容易形成孤僻、胆小、自私、懒惰等不良性格。为此，家长可有意创造条件，让孩子和其他小朋友一起玩游戏、共同制作手工艺品等。这样，不但能增强孩子的体质，发展智力，丰富口语表达，而且还可以培养其团结、友爱、协作、勇敢等品格。有时，有意识地安排孩子去商店买点小商品，到邻居家借点东西，以此来培养其处理人际关系的能力、对外交往能力、适应社会规范的能力等。有条件的话，带孩子外出旅游，不但可以让孩子愉悦身心，而且在游玩中还能够培养其意志力、亲和力、审美能力等。

如今的大多数家长，生育孩子后基本上都会重返职场。为了让孩子有人照顾，往往请老人帮忙。由于现在的年轻父母双方大多是独生子女，一般情况下都有四个老人可以帮忙照顾孩子，所以隔代教养的情况更为普遍。每一个隔代教养的家庭，年轻父母几乎都会为老人的教养观念和方式发愁，经常面对很多纠结的事情。如何处理好隔代教育产生的冲突，年轻父母要学会艺术对待，避免与长辈发生直接冲突，不妨也来个"暗度陈仓"。

由于老人的一些传统教养观念根深蒂固，所以难免会有一些说法和做法对孩子产生负面影响，甚至还可能给孩子的身心发展带来伤害。遇到这些情况，我们就需要把保护孩子的成长放在首位，同时尽可能避免跟老人发生冲突。

例如，有位妈妈提到一件事，就是自己的公公婆婆总是喜欢在孩子不乖的时候，吓唬孩子说："再不听话，等会儿派出所就会来把你抓走！"长期这样做的结果就是孩子睡到半夜总是惊醒，甚至坐起来无缘无故地大哭。她怀疑就是因为老人的恐吓导致了孩子的恐惧。暂且不论这个因果关系能否成立，但这样的做法肯定对孩子的成长不利。如此的恐吓教育方式，相信不只是这两位老人会使用，其实很多老人，乃至父母从孩子很小的时候就开始采用。

为了解决这一问题，年轻妈妈就采取了"暗度陈仓"的办法，就是当她听到老人家跟孩子这么说后，尽可能在第一时间背着老人家的面告诉宝贝："刚才爷爷奶奶说错了。派出所不会随便抓人的，他们只会抓坏人的，也不会抓小孩的。宝贝不要怕。"这样做，既可以避免跟强势的婆婆发生冲突，更能够把老人对孩子的负面影响降到最低。当然需要一个前提，那就是年轻父母自己跟孩子的亲子关系很好，对孩子有一定的影响力，否则孩子还是会认为老人说的是真的，无法消除给孩子带来的影响或伤害。

达成家庭教育目的的最佳方式是明修栈道、暗度陈仓，即化生硬的说教为巧妙的启迪。

相传古代有位老禅师，一日晚上在禅院里散步，看见院墙边有一张椅子，他立即明白有出家人违反寺规翻墙出去了。老禅师也不声张，静静地走到墙边，移开椅子，就地蹲下。不到半个时辰，果真听到墙外一阵响动。少顷，一位小和尚翻墙而入，黑暗中踩着老禅师的背脊跳进了院子。当他双脚着地时，才发觉刚才自己踏上的不是椅子，而是自己的师傅。小和尚顿时惊慌失措，张口结舌，只得站在原地，等待师傅的责备和处罚。出乎小和尚意料的是，师傅并没有厉声责备他，只是以很平静的语调说："夜深天凉，快去多穿一件衣服。"小和尚还敢私出寺院、违反寺规吗？当然是不敢了，不是小和尚畏寺规之严，应该是小和尚敬师傅之责任心、敬师傅之宽容。这就是老和尚的育人技巧——化有声为无声。我们的家长在发现孩子偶尔犯错时，是否也可以讲究一些批评的艺术？

需要指出的是，暗度陈仓是根据儿童的身心特点而设计的教育策略和教育艺术，应结合自己孩子的年龄层次和个性特点有针对性地进行，不可一概照搬、千篇一律。更不能明一套，暗一套；说一套，做一套，对孩子搞欺骗教育。

第三十一计　引而不发

千呼万唤始出来　　犹抱琵琶半遮面

使孩子的头脑变聪明的最重要的一点是给孩子思考的机会，让其自己动脑筋思考问题。为此要做到引而不发，寻找机会引导孩子进入思考问题的状态。

《孟子·尽心上》里说："君子引而不发，跃如也。"意思是说：君子教导别人，要像教射箭一样，只是张满弓，却不发箭，作出跃跃欲射的姿态，让人体会射箭的要领。后来常用"引而不发"比喻在教育过程中，要善于启发诱导，不可越俎（音zǔ）代疱（音páo）。著名教育家陶行知说："教育不能创造什么，但它能启发儿童创造力以从事创造工作。"

孔子说："不愤不启，不悱不发，举一隅不以三隅反，则不复也。"孔子提出实行启发式教育必须抓住时机，把握好施教的火候，也就是"愤则启，悱则发"。在这里，"愤"和"悱"，都是形容学生追求知识的一种急切的心理状态。孔子认为：教师在关键的地方给学生指点一下，学生就会有很大收获，才能取得较好的教学效果。如果学生还没有经过自己的反复思考，没有急切的求知欲望，教师就先不必给学生讲课。在教育过程中要尽量地引导学生主动地学习，教师的讲解代替不了学生主动地思考问题，而教师的作用在于因势利导，在恰当的时候启发、指点、引导，而不能简单地灌输，不能采取逼迫的办法。启发式教学最根本的，就是调动学生学习的主动性和积极性。"举一隅不以三隅反，则不复也"，其意思就是说，教师所讲解的东西学生不能理解，不能从已知的一点，去进行推论，由此及彼，触类旁通，那么就不应当再重复去教他了。在教师所讲的知识学生理解不了的时候，还要再讲，势必造成学生的死记硬背。这是违背教学规律的。它强调的是培养学生独立分析和解决问题的能力，由于孔子在教学中比较成功地运用了启发诱导的原则，所以他的学生往往能够"闻一知二"，乃至"闻一知十"；并赞扬他的教学能"循循然善诱人"。

使孩子的头脑变聪明的最重要的一点是给孩子思考的机会，让其自己动脑筋思考问题。大脑不运动就会生锈。那么如何做才能使孩子动脑筋想问题呢？就是做到引而不发，寻找机会引导孩子进入思考问题的状态。

人的大脑本来是很好用的，带有节约思考的组织。比如说，如果今天以与昨天相同的方法顺利度过，那么我们就不需要动脑筋思考什么，只要以昨天相同的方法就可以处理今天的事情。所以，我们的大脑之所以开始活跃是因为今天遇到了用昨天的方法解决不了的事情。照这样考虑，不知这个"节约思考组织"平时为我们做了多少好事。

据美国心理学家布鲁姆对幼儿到成人的智力发育情况研究结果表明，0—4岁儿童的智力发育程度完全可以决定18岁以前的智力最高值。即0—4岁期间智力直线上升的孩子，其以后也会保持这个速度，到了18岁高峰期时达到最高水平。相反，智力缓慢上升的孩子，到了18岁高峰期时，也完全处于低水平。并且，决定这个智力上升程度的绝大部分因素在于孩子周围有多大的刺激。另外，促使孩子智力发育的大部分责任在于母亲。开发智力工作做得越好，孩子的头脑越聪。在这方面也许对母亲的要求过高了，但是所有的母亲都应该成为"教育担当者"，所谓"教育担当者"即是设法给孩子创造有利于智力发育的思考机会，有目的地营造智力环境，使孩子的头脑变聪明的具体操作者。

为了让孩子养成经常用自己的头脑去思考问题的习惯，在说"好好想想"、"努力"之前，首先让孩子自己认识到思考的意义很重要。与父母强迫孩子在学校获得好成绩相比，孩子希望认字，希望能够阅读电视节目表，这对于孩子来说更实际得多。孩子能够自己确定这样更具体的实际目标，才能产生想要认定的热情。由父母一方施加的目标，就很有可能使孩子忘掉思考的重要性。

要培养开发儿童的智力，就必须使孩子养成独立思考问题、分析问题的好习惯。对于一些疑难问题，孩子往往急于知道最终的结果，如若简单地把结论交给他，只能让孩子死记硬背一些名词概念，却说不出其中的前因后果，即所谓"只知其然，不知其所以然"。这样做无益于发展孩子的智力。为此，应该对问题旁敲侧击，启发诱导孩子运用自己的大脑去猜测、想象、推断。例如，家长给孩子讲一个"抓坏蛋"的故事。当讲到坏蛋跑到一间屋子里，警察紧紧地围了上去时，至此打住，问孩子："想想看，抓到坏蛋了吗？"然后让孩子去续这个故事。孩子就会凭自己的想象力和从小人书上看到的故事情节编造出各种不同的结尾来。有的说抓到了，有的说被当场击毙了，有的说坏蛋自杀了，有的说坏蛋从地道里逃跑了，等等。再如，教孩子学会了古诗《静夜思》。月夜里就问孩子："我们睡在什么上面？"孩子会说："床呀。"又问："地上是什么光？"孩子说："月光呀。"再启发说："我为什么要问你？"孩子想一想会领悟到："噢，你是说'床前明月光，疑是地上霜'对不对？"

家长还要注意培养孩子自己分析处理难题，独立完成家庭作业。孩子遇到解不开的难题，家长不要只给他一个现成答案了事，而应开导孩子，给他一条正确解题的思路。切莫越俎代庖替孩子写作业，更不能让孩子随便抄袭别人的作业。注重素质教育，减轻作业负担是对的，但家长不能因此就代替孩子完成作业。我们可以让孩子少做点，但要注重培养孩子的学习方式和解题方法，不断提高孩子的理解能力。

在日常生活中也应注意启发诱导孩子，勤于思考，用心钻研。据记载，孔子对他唯一的儿子孔鲤就经常用启发式教育方法，循循善诱，督促他勤奋学习。一天，孔子正站在院子里，孔鲤从旁边走过，孔子问孔鲤说："你学诗了吗？"孔鲤回答："没有。"孔子告诉他："不学诗，很难以好的言辞表达出自己的意思。"孔鲤听了孔子的话，默默进屋里学习去了。过了几天，孔子在院子里又碰到孔鲤，便又问："你学过礼了吗？"孔鲤答道："没有。"孔子又说："不学礼，就很难立足于社会。"这就是《论语·季氏》中"趋而过庭，接受父训"的故事。

苏联教育家苏霍姆林斯基说过："孩子提出的问题越多，那么他在童年早期认识周围的东西也就愈多，在学校中越聪明，眼睛愈明，记忆力愈敏锐。要培养自己孩子的智力，那你就得教给他思考。"大家都知道《乌鸦喝水》的故事。它所阐述的道理，是很耐人寻味的。乌鸦的聪明之处，不在于它喝到了水，而在于它想出了好办法——"填石子"。打一个比方，孩子好比乌鸦，知识好比是水。家长的任务不是端着一盆知识之水让"乌鸦"喝，而是要培养"乌鸦"想方设法喝到水。家长教育水平的高低，不在于能不能把知识之水送进"乌鸦"嘴里，而在于会不会引导"乌鸦"在瓶子很高、瓶口又小，喝不着瓶子里的"知识之水"的情况下开动脑筋、想出办法、解决难题。

吉尔福特认为，发散思维是创造性思维的核心成分。发散思维是指以要解决的科学问题为中心，充分发挥想象力，突破原有的知识圈，从一点向四面八方想开去，朝多方向推测、想象、假设的"试探性"思维过程，通过知识、观念、方法的重新组合，找出更多更新的可能答案、设想和解决问题的办法。家长要随着孩子年龄的增长，引导其从线性思维向发散思维转变，以提高思考力和创新力。

　　在外出游玩时，遇到各种奇特的事物和现象，家长可以和孩子一起来解释某种事物和现象产生的原因或原理，循序渐进地引导孩子自觉运用所学过的知识来分析眼前的问题。同时也可以随之让孩子猜一些谜语，这时孩子可能要急于知道谜底究竟是什么。家长可以根据孩子年龄的大小和知识的多寡逐步给予提示，诱导孩子大胆而合理地去想、去猜，最终自己找出正确的答案。

第三十二计　以美益智

若把西湖比西子　　淡妆浓抹正相宜

在家庭教育中应该重视对子女的美育，做到以美益智、以美启智。美在创造。要鼓励和帮助孩子，以自己的行动，力所能及地为家庭、学校、社会增一份美丽，添一份亮色。

爱因斯坦幼年时功课经常不及格，被认为是个"迟钝儿"，母亲便想了一种特殊的教育方法——教他拉小提琴，试图用音乐启迪他的灵感。果然，爱因斯坦随着演奏技艺的提高，思维也日益活跃。因此，他在科学上取得举世瞩目的成就之后，认为艺术家给他的启示比任何科学家都多，并得出这样的结论："想象力比知识更重要，因为知识是有限的，而想象力概括着世界上的一切，推动着世界，并且是知识进化的源泉。"爱因斯坦的故事启发我们，在家庭教育中应该重视对子女的美育，做到以美益智、以美启智。

春秋时期孔子提出的"礼、乐、射、御、书、数"的"六艺"是一种全面教育。孔子提倡的诗教、乐教即是美育，他主张通过"兴于诗，立于礼，成于乐"的步骤塑造一个人的人格。但严格地说，"美育"在中国是一个近代概念，来源于西方的人文思潮。这一概念是由德国诗人、美学家席勒于18世纪首先提出的，并以此构成了德、智、体、美四育的概念。在中国第一个从教育学角度论述美育的是思想家王国维，他将美育与德育、智育和体育并列，指出美育是培养"完全之人物"的重要部分。1912年蔡元培任南京临时政府教育总长时，将美育纳入政府的教育方针之中，倡导重视美感教育。当时中小学开设了唱歌、图画和劳作等课程，以贯彻美育思想。

车尼尔雪夫斯基说过："美是生活。"美具有形象性、愉悦性和感染性等特点。美，是自然的，也是人文的；是感官的，也是精神的。因此，人类有了美的创造、美的哲学、美的理想，并应用于教育，以滋养情感、陶冶人生。美育是一种情感教育，它可以调节人的思维方式，有效地增强人的观察力、理解力、想象力和创造力，从而提高人的智力水平。美育能在熏陶、感染中对人的精神起激励、净化和升华作用，潜移默化地影响人的情感、趣味、气质、胸襟等。美育可促进人的感性与理性的协调发展，保持精神的平衡、和谐与健康，塑造一种健全的人格，提高人生的境界。美育能调和人的性情，启迪人的智慧，启发人的思维，提高人的审美能力，使人保持和谐愉悦的精神状态，生动活泼，充满活力和创造力。蔡元培曾是美育的积极倡导者，他在《美育实施的方法》一书中指出：美育分家庭美育、学校美育和社会美育三个方面；应针对幼儿、青少年和成年人三个不同阶段，把美育贯穿于人的一生。郭沫若也强调："人的根本改造应当从儿童的感情教育、美的教育入手。""素质教育"是一项系统工程，每个方面或环节都不是可有可无的，缺乏美育的教育是残缺的教育。

搞好家庭美育首先应提高家长自身的审美素质，增加家庭的审美氛围。有些家长穿着打扮标致入时，美容美发新潮时尚，可是在家里，却言谈无忌，举止粗俗；带孩子外出游玩，也随意践踏草坪，污损环境。这样是根本谈不上对孩子进行美育的。一个有责任心的家长，应该注重提高自身的艺术品位，增进自身的美育素养，增强自身的人格魅力，美化家庭，感化子女，使孩子心灵从小受到美的陶冶。正如苏联教育家苏霍姆林斯基所说："美是一种心灵体操——它使我们的精神正直、心地纯洁、情感和信念端正。"

搞好家庭美育，还应改变对美育的片面认识。美育是一种全面的教育，主要是培养人的高尚情感，提高审美素质，也就是提高感受美、鉴赏美和创造美的能力。但在现实生活中，不少家长仅仅出于功利目的，不顾孩子的实际和意愿，甚至于强迫孩子一会儿学钢琴、一会儿学书法、一会儿又学舞蹈，搞得孩子晕头转向，心理负担加重，感到苦恼和厌烦。这是达不到美育的目的和效果的。这是因为，美育绝不仅仅是简单机械的技巧训练和知识灌输。

美国白宫"研究和发展教育"专门小组在一份报告中写道："杰出的科学家不是局限在个人的专业领域内，通晓和熟悉艺术与人文学科，能促使优秀科学家变得更加敏锐，视野更加开阔。"许多科学家都肯定灵感在科学创造和发明中的重要作用。音乐等艺术教育，不仅可以陶冶孩子的情操，提高孩子的审美情趣，而且可以减轻孩子左半脑的负担，刺激右半脑发达，培养孩子的创造性思维能力，达到以美益智的效果。

要克服科学与人文"两张皮"的现象，使科技与人文教育相辅相成。人文教育的目标就是"教人做人"，它培育孩子对人类、对民族命运的关注和责任意识，培育孩子高尚人格和健康心理素质。当代教育思潮强调"以人为本"、力求在教育活动中做到"科学"、"人文"与个性化"创造"的和谐统一。信息技术的广泛应用，把我们带到了一个信息空前丰富的信息化时代，同时也是一个充满人文忧患的时代。科技发展代替不了人文教育，崇高的人文价值，不应随着技术的发展而受到损害。在加强科学教育的同时，还要加强人文教育，二者缺一不可。

为此，家长必须克服科学与人文"两张皮"的现象，使科技与人文教育有机融合，不仅在教导孩子科学技艺，更多地在教育孩子如何做事、如何做人及如何融科学精神与人文精神于一体上持续发力。在专业技能教育中融会人文素质教育，不应只是把人文内容当作简单的点缀，而应尽可能使之融会贯通，使专业的内容彰显人文精神、形成一种精神导向。这样才能使专业技能与人文素质两方面的教育相辅相成、相得益彰。

有不少家长片面重视智育而轻视德育和美育，认为只要有"本事"、出人头地就行，不看子女实际品行，拼命地给子女"开发"、"培养"，压学习任务，把品德、劳动技能、行为规范等置之脑后。这种重智轻德、片面发展的思想破坏家庭教育的科学性、完整性，严重影响作为教养一个合格子女的品德基本规范训练，若不更新这种不正确思想观念，其引起的不良后果是令人担忧的。

重视子女从小养成良好习惯，遵守行为规范，树立高尚情操。这是家庭教育的重要组成部分。作为父母切不可以认为子女幼小而忽视其良好习惯与行为规范的培养。许多做人的基本道理、行为习惯、是非标准是在幼小时日常生活中逐步养成并巩固树立起来的。

美育在"素质教育"中有着极其重要的作用，中共中央、国务院《关于深化教育改革全面推进素质教育的决定》指出："美育不仅能陶冶情操，提高修养，而且有助于开发智力，对于促进学生全面发展具有不可替代的作用。"审美教育，就是要善于启发孩子的审美"灵感"，激活孩子的审美细胞，引导孩子观察和感受自然之美、社会之美、人生之美。

美即和谐。法国雕塑大师罗丹说过："美是到处都有的，对于我们的眼睛不是缺少美，而是缺少发现。"要安排时间，创造机会，让孩子多阅读一些文学名著，多欣赏高雅的音乐，到自然中去，观察大自然的鬼斧神工、瑰丽景色，提高美的鉴赏力。美在心灵。要教育孩子，学习了解古今中外的名人逸事，现实生活中的好人好事，陶冶性情，积极向善。美在创造。要鼓励和帮助孩子，亲自动手，以自己的行动，力所能及地为家庭、学校、社会增一份美丽，添一份亮色。

美术对于孩子的全面发展起着重要的作用。如果说其他课程赋予孩子的多是理性知识的话，美术赋予孩子的则是敏锐的眼睛、灵巧的双手、丰富的想象力和一颗善感的心。

第三十三计　温故知新

何意百炼钢　化为绕指柔

在子女教育中，要督促和引导孩子对学过的东西加强复习，从而巩固旧的，获知新的。学而时习之，不仅可以巩固已学的知识，而且可以从中获得新的知识。

孔子说："学而时习之，不亦说乎？"（说通"悦"yue）意思是，学过的知识，经常温习它，不也是令人高兴的事情吗？常言道，温故而知新，就是说，温习旧的知识，能够得到新的理解和体会。人们的新知识、新学问往往都是在过去所学知识的基础上发展而来的。因此，温故而知新是一个十分可行的学习方法。在子女教育中，也要督促和引导孩子对学过的东西加强复习，从而巩固旧的，获知新的。

"学而时习，温故知新"，是孔子在教学过程中关于学生应如何学习的主张。《论语》第一句话就是，子曰："学而时习之，不亦说乎?"孔子认为，学习是很快乐的事情，这个快乐即在于学习了又不断地温习它、实践它。"习"，可以从温习和实习两方面去理解。孔子教学，强调学生对所学知识的复习与实践。曾子说"吾日三省吾身"，其中要反省的内容之一即是"传不习乎?"老师传授的学业用心复习了吗？照着它实践了吗？一个好学的人，应该不断温习过去的知识。子夏说："日知其所亡，月无所忘其所能，可谓好学也已矣。"（出自《子张》）这反映了孔子的看法。一个学生要自觉地每天获得新知识，每个月都练习、实习已掌握的本领，这就是好学的人了。孔子强调多复习旧知识，原因之一是他认为，人们从温习旧知识中可以获得新知，并且应该不断从旧知中获得新知。他说："温故而知新，可以为师矣。"（出自《为政》）如果能做到经常温习旧知识，并从中获得新的体会、新的见解，这样的人就可以做老师了，强调从旧知中独立地获得新知。在孔子看来，学而时习之，不仅可以巩固已学得的知识，而且可以从中获得新的知识。

温故知新反映了这样一条教学规律：学习本身是不断实践的过程，只有反复地学习实践，才能牢固地掌握所学的知识；只有对所学的知识熟练了，融会贯通了，才可举一反三，告诸往而知来者，由已知探求未知。这种既重视时习温故，又不忽视探索新知的思想，在今天仍有启发意义。同时，这也符合创新的基本规律，学习继承前人才能有所创新。正如科学家牛顿所说：我之所以看得比别人远些，是因为站在巨人肩上的缘故。

知识的学习是一个连续不断的过程，新旧的知识之间总是有着一定的内在联系，只有扎实地掌握了已经学过的知识，才能为新知识的获得打下坚实的基础。可是不少孩子总是对新的东西感兴趣，而不乐意重复学习旧的东西。结果就像狗熊掰玉米，掰一个扔一个，到头来还是一无所获。

让孩子懂得复习巩固旧知识的重要性，提高复习的乐趣和积极性，还应注意引导孩子善于复习，掌握正确的复习方法。复习包括日常复习和阶段性复习。日常复习就是要求对每天学过的课程及时进行复习巩固，阶段性复习可以是一周，学期之中或学期之末的复习。不同的课程可以有针对性地采取不同的复习方法。但一般而言，复习时不要简单机械地看书。常言说："不动笔墨不读书。"在复习的过程中，可以边看边画，一是画重点，二是画疑点、难点。弄不懂或似是而非的问题就问家长，或找老师解答。也可以看一会儿书，然后再默写其中的公式、生词或段落。有些课程需要配合一些练习，高年级的学生还应学会写读书札记，写一些心得体会，以加强对课文的理解和记忆。在复习一些理论性强、篇幅较长的章节时，可以先浏览一下本章大体上有哪些节目内容，先有个整体的印象。然后再逐节逐目仔细阅读复习，完了以后再合上书本回想一下，这一章主要讲了哪些内容。这就是"合—分—合"的复习步骤。有些课程的复习，还需结合课堂笔记，联系教师在课堂上所讲的内容、实例等，帮助理解教材。

家长应积极协助孩子搞好复习，并相应地出一些练习题、模拟题，考查孩子对已学知识掌握的准确程度、牢固程度和熟练程度。通过复习，发现孩子学习上的偏差和薄弱环节，并及时加以矫正和充实。同时，复习也应有针对性地进行，不应搞"填鸭式"，硬逼着孩子从哪儿背到哪儿，或从哪儿抄到哪儿，机械重复，不得要领，使孩子产生厌烦甚至逆反情绪，结果往往是事倍功半，欲速则不达。

古人云："时用则存，不用则亡。"铁针要经常使用，不用就要生锈，成为无用的东西。知识也是这样，学过的东西要时常复习巩固和运用，不然就遗忘和废弃了。正如庄子说的："学而不能行，谓之病。"

温故知新的关键是要处理好温习知识与独立思考的关系。孔子说："温故而知新，可以为师矣。" 意思是说："在温习旧知识时，能有新体会、新发现，就可以当老师了。"朱熹解释说："故者，旧所闻。新者，今所得。言学能时习旧闻，而每有新得，则所学在我，而其应不穷，故可以为人师。若夫记问之学，则无得于心，而所知有限，故学记讥其'不足以为人师'，正与此意互相发也。"（出自《论语集注》）着眼于教育学的解读，把"温故而知新"视为为师的重要条件。其实，孔子的言说都是有其情境和针对性的。孔子的"温故而知新"具有方法论的意义，统摄了孔子对待整个传统、对待一切知识形态的态度。《礼记·学记》中记录了孔子这句话："记问之学，不足为人师。"这说明孔子认为只能记诵一些知识，是不能当别人的老师的；一定要将知识融会贯通，能在温习旧知识中有所发现，才"可以为师"。可见，"温故"和"知新"并非平列关系的两件事物，而是递进关系的事物！关键在于要"知新"，这就需要独立思考了。因此，在日常生活和家庭教育中，家长不但要教育孩子善于温习旧知识旧经验，还要引导孩子勤于思考，发现新知识新经验，把学与思有机结合起来。

其实，生活知识经验的积累也是一个温故而知新的过程。当生活中遇到了新的问题，需要对以往出现过的事物进行判断和研究，却发现感到有些模糊，或是感到记忆力出现了偏差的时候，就需要查阅文献资料，来对以前发生过的那些事情进行确认。通过这样的重温过程，可以让自己对于头脑中有些模糊的事情有比较详细的了解，也便于记忆的重新产生。对历史进程的追溯，以及对以前阶段的评价，有助于在面临新问题时的分析研究和判断。人类的历史就是人类自身的生存方式或行为，随着自然环境的改变而逐渐发展和改变的过程。从茹毛饮血的时代，经过各个时期再进入到今天的时代，既是连续的不断努力的结果，也表明了人类对于客观环境变化所具有的适应能力。作为头脑比原始人更加聪明的现代人，经过了一个发展时期以后再重新回过头来，用一些时间来对自身的过去经历进行分析和判断，从过去的历程中认识事物发展变化的规律，在借鉴中吸取经验和教训，以便于在今后的时光中更好地促进人类社会的发展和进步，具有非常重要的意义。

从早期的原始人类的直立行走，直到如今人们的太空漫步，其间经历了数百万年的时间，经历了各种各样的艰难险阻。通过连续的观察和研究，现在的人们已经对过去有了逐渐深入而具体的了解。因此可以在已知的基础上，对将来事物的发展变化作出有充分理由的猜想和比较正确的结论。学习已有的知识，认识各个时期的时代特征，从而对于本国和世界的历史和现状有了比较深入、透彻的了解，有助于让头脑处于活跃的状态，不至于那么的古板和僵硬。列宁说过，忘记过去，就意味着背叛。现在不少孩子历史意识淡薄，甚至有些旅游景点还让游客穿着"皇军装"照相。家长有责任让孩子了解我们的历史，特别是中国近现代史，教育孩子爱我们的国家，为伟大复兴的中国梦作出贡献。

对于家长来说，日常生活经验和知识的传授可能更多更重要一些。生活中我们需要经常不断地去尝试，以迎取新的生活，在这个过程中总会有失败或受挫的时候，但如果我们在失败后再回想一下曾经的所作所为，进而得出结论，就会有新的发现，这样就可以避免再犯原先的错误并采取新的方式去面对问题，所以说"温故而知新"，可以让我们在生活中更好地解决问题。同样，在生活中可以少走很多的弯路，也给他人提供了借鉴。正如阿拉伯谚语所说："记着去时走错路的经验，回来时就顺利了。"家长对子女，不仅是学习的老师，更是生活的老师。

第三十四计　一张一弛

留得青山春常在　　磨刀不误砍柴功

对待子女及其学习，应宽严适度、劳逸结合。对子女要宽严相济、严爱结合。对孩子的学习要科学搭配，合理安排。

古语说："文武之道，一张一弛。"意思是古代的周文王、周武王治理国家的方法有"严"有"宽"，宽严结合。现在人们也用来比喻生活的松紧和工作的劳逸要合理安排。将这一方法用之于家庭教育，就是对待子女及其学习，也应宽严适度、劳逸结合。

首先，对子女要宽严相济、严爱结合。一般情况下，父母都是热爱孩子的，孩子也非常需要父母的爱，钟爱和保护子女是做父母的神圣职责。爱还是一种有效的教育力量。只有在健全的父爱和母爱呵护下，孩子才能获得健全的身心和愉快地成长。但是怎样的爱才是正确的爱？怎样爱才算适度？从家庭教育的实际经验教训来看，必须注意：不要溺爱，不要偏爱，不要护短。溺爱就是只知道爱，不讲原则。对孩子百依百顺，不分是非，甚至对孩子的弱点、缺点和错误，视而不见、充耳不闻。父母包揽了孩子的一切，根本不重视孩子劳动习惯和自理能力的培养。结果使孩子养成骄奢淫逸、自私懒惰的不良习惯。偏爱就是偏听、偏信、偏心眼，只对多个子女中的某一个疼爱有加，而对其他子女则左也看不惯、右也不顺眼，一碗水端不平。结果往往是，受偏爱的孩子好吃懒做、性格粗暴、狂妄自大，而受冷落的孩子则心理压抑、孤僻冷漠、神经过敏。所谓护短，就是家长对自己的孩子包庇纵容、过分迁就，对子女的过错不但不加以管教，反而千方百计加以辩解，结果使孩子从小养成一些不良习惯，长大了甚至走上违法犯罪的道路。

说起对孩子的溺爱，使我想起20世纪80年代我上大学期间，有一年放暑假，在回家的路上，遇到一群人哭着赶路。其中一位妇女怀里抱着一个五六岁的小男孩，孩子已经身体僵硬、两眼无光。原来，这孩子中午临睡前，非要抱着一个"敌敌畏"瓶子不可，家长不同意，孩子就闹，也许是"敌敌畏"的特殊香味使孩子十分好奇。家长拗不过，只好让他搂着睡，结果孩子就偷喝了这种农药。由于溺爱，把孩子送上了不归路。还有一个真实案例，媒体报道有位老人带着放学的孙子一起坐公交车，孩子上车后调皮地站在座位上，有乘客善意提醒那样不安全，老人却不以为然，结果因为急刹车孩子被甩出车窗而死亡！

俗话说，没有规矩不成方圆。还有人说，要让孩子变成罪犯，就是满足他的一切欲望。父母疼爱自己的孩子是合情合理的，但要注意这种爱一定要理智。既要关心呵护子女的成长，同时又要教育孩子尊重和体谅长辈，培养孩子的责任感、义务感，还要注意从小培养孩子自理、自立、自强的毅力和勇气。在爱护孩子的同时，对孩子的所作所为要严格要求，特别是对孩子的一些不良行为习惯，要及早发现并加以纠正，绝不可一味地迁就包容。俗话说："严是爱，松是害，不管不教会变坏。"在教育子女的过程中，还应注意表扬与批评相结合，对孩子的进步和良好行为要及时加以肯定和表扬，以增强正面引导的作用；对于孩子的错误和不良行为也要及时进行制止和批评，培养孩子树立是非观念。只有理智爱护、严格要求，才能保障孩子的健康成长。

其次，对孩子的学习要科学搭配，合理安排。脑科学研究表明，人的大脑分为不同的区域，各个区域既有分工又相互配合。当长时间机械进行某一方面的脑力活动时,大脑便会产生疲劳感。为了正确运用大脑,提高学习效率,家长应提醒和帮助孩子合理安排学习内容。正确处理好主课与辅课的关系,文科与理科的关系,课内学习与课外学习的关系,以及读、写、听、思、练的关系,合理调节学习内容和时间,减少学习压力,增进学习效果。在这方面,许多成功的科学家和思想家都有值得借鉴的经验,家长们应该注意加以学习和运用。

美国《研究季刊》曾报道过一项实验,证明心理练习对改进投篮技巧的效果。第一组学生在20天内每天练习实际投篮,把第一天和最后一天的成绩记录下来。

第二组学生也记录下第一天和最后一天的成绩,但在此期间不做任何练习。

第三组学生记录下第一天的成绩,然后每天花20分钟做想象中的投篮。如果投篮不中时,他们便在想象中作出相应的纠正。

实验结果:

第一组每天实际练习20分钟,进球率增加了24%。

第二组因为没有练习,也就毫无进步。

第三组每天想象练习投篮20分钟,进球率增加26%。

最后,还应注意使孩子动静有常、劳逸结合。列宁有句名言:"不会休息就不会工作。"孩子长时间集中精力紧张学习,就会造成心理疲劳。心理学研究表明,学习疲劳是由于长时间持续活动,导致学习能力减弱、效率降低的心理状态。这时,让孩子离开书桌,休息一下,反而有助于恢复脑力促进学习。毛泽东的养生原则就是"遇事不怒,基本吃素,多多散步,劳逸适度"。青少年正是长身体的时期,要保障孩子有一个健康的体魄,不但要注意合理饮食,还要注意劳逸结合、加强体育锻炼。据教育部公布的我国学生体质健康监测结果表明,学生的身体状况是喜忧参半。值得高兴的是,学生形态发育水平继续提高,身高、体重等形态发育指标继续呈增长趋势,学生营养状况得到改善。值得忧虑的是，学生体能下降，肺活量下降，肥胖比例增加，近视率居高不下。究其原因，主要是学生体育锻炼不足，既有学校方面的因素，也有学生自身的因素。学生课业负担过重，近距离用眼时间过长，长时间玩游戏机、上网、看电视等。常言说，留得青山在，不怕没柴烧。身体是革命的本钱。磨刀不误砍柴功。家长一定要引导孩子，正确处理学习与休息、娱乐、健身的关系，做到张弛有序、劳逸结合，不开夜车，不透支身体，形成良好的作息习惯，促进身体健康，提高学习效率。

想要好记忆，得有好睡眠。深度睡眠有助记忆。科学研究表明，当人进入深度睡眠时，大脑神经元会长出新的突触，加强神经元之间的联系，从而巩固和加强记忆。美国纽约大学华人学者甘文标教授发表在美国《科学》杂志上的文章中说："这项成果对小孩子学习特别重要。如果你不停地学习，甚至牺牲睡眠来学习，那是不行的，因为大脑神经元不会有新突触形成，你根本记不住。"总之，睡眠是为了更好地学习，不是浪费时间。当然，也不是所有的睡眠都对记忆重要。只有慢波睡眠，也就是在基本不做梦的深度睡眠过程中，像电影重放一样，原来学习时活跃的那些细胞，重新活跃起来，从而长出新的突触。

阿根廷的时间格言说得好："将时间用于工作，那是成功的代价。将时间用于思考，那是智慧的来源。将时间用于运动，那是青春的奥秘。将时间用于阅读，那是知识的源泉……将时间用于微笑，那是减负的良方。将时间用于计划，那是你能做好上述一切的秘诀。"

当孩子面对学习的"压力山大"，甚至受到不良情绪折磨的时候，我们不妨引导孩子走出陋室，到姿态万千的大自然中去呼吸新鲜空气，观赏壮丽的景色，这可以旷达胸怀，欢娱身心，对于调节人的心理活动有着很好的效果。绿色的世界，蓬勃的生机，秀美的景致，会使人心旷神怡，精神振奋，忘却烦恼，消除精神上的紧张和压抑之感。印度诗人泰戈尔在《邀请》一诗中写道：

从你自己摆脱出来，

站在野外；

你将在你内心里，

听到大千世界的响应。

哪儿有无限的空间，

就在哪儿展翅飞翔，

置身万物间你将是自由的，

出来，到野外来吧！

第三十五计　志存高远

少年心事当拿云　　谁念幽寒坐呜呃

> 父母应善于从孩子日常生活的言行中，洞察他们心灵深处的秘密，教育孩子树立起正确的理想，鼓励他们在人生道路上为实现理想而努力奋斗。

古人云：有志者，事竟成。少年时期是人生理想的萌动时期，少年们幼小的心灵中充满着对未来神奇美好的憧憬和向往。父母应善于从孩子日常生活的言行中，洞察他们心灵深处的秘密，教育孩子树立起正确的理想，鼓励他们在人生道路上为实现理想而努力奋斗。如果少年时代浑浑噩噩，胸无大志，孩子就会失去朝气和锐气，长大也不会有所作为，成为平庸之辈。

据史料记载，东汉时期的科学家张衡，少年时代就立志"读万卷书，行万里路"。17岁时他离乡游学，求师访友，考察天下，曾"入京师，观太学，遂通五经，贯六艺"，积累了丰富的知识，使他能够针对当时神学的迷信虚妄，科学地解释自然现象。少年毛泽东就胸怀大志。有一次他从同学那里借到一本《世界英雄豪杰志》，他爱不释手，边看边在华盛顿、林肯、拿破仑等名人传记上画了许多圈点，写了批语。他还说："中国也要有这样的人物。我们应讲求富国强兵之道……我们每个人都应该努力。顾炎武说得好：'天下兴亡，匹夫有责。'"可见毛泽东是怀着忧国忧民、求学增智、振兴中华的愿望而发愤求学的。他在青年时代的日记中还写道："与天奋斗,其乐无穷!与地奋斗,其乐无穷!与人奋斗,其乐无穷!"毛泽东正是为祖国、为人民,甚至为全世界的劳苦大众奋斗了一生。周恩来早在1910—1913年在沈阳读书时就立下了"为中华崛起而读书"的雄心壮志。新学期开始时,校长在课堂上提出了一个严肃的问题:"读书是为了什么?"同学们各有各的目的。当问到周恩来时,回答说"为了中华之崛起"。由于他的南方口音,校长一时没听清楚,于是周恩来又大声说:"为中华崛起而读书!"小小年纪,发此豪语,老师们不禁为之肃然起敬。正是因为他有此远大理想,才能终身勤奋学习,投身革命,为中华民族作出了卓越的贡献,被世人称为伟人。

由于各个家庭中父母的文化程度、经历、教育子女的方法和孩子的遗传素质等不尽相同,孩子的理想也就不同。有的要当船长周游世界;有的要当宇航员遨游太空;有的要当运动员为国争光;有的要当科学家、文学家、艺术家、教育家等。不论孩子的理想有多大差异、有多幼稚,都是纯真的、可贵的,做家长的一定要非常珍惜孩子们的理想,千万不要随便用"净瞎想"、"不可能"之类的冷水,去泼孩子们的理想火花。

美国科学家曾进行一项跟踪调查研究,发现年轻时有较大理想信念的人,成年后大多进入美国上流社会;有着一般理想信念的人,大多成为白领;缺乏理想信念的人,则成为平凡之辈。

伟大的科学家爱迪生,童年时被视为"低能儿",只上过三个月学便离开了学校。十二岁那年,他当上了火车上的报童。火车每天在底特律停留几小时,他就抓紧时间到市里最大的图书馆去读书。不管刮风下雨,从不间断。当时,他随着兴致所至,任意在书海里漫游,碰到一本读一本,既没有方向,也没有目标。有一天,爱迪生正在埋头读书,一位先生走过来问:"你已读了多少书啦?"爱迪生回答:"我读了十五英尺书了。"先生听后笑道:"哪有这样计算读书的?你刚才读的那本书,和现在读的这本完全不同，你是根据什么原则选择书籍的呢？"爱迪生老老实实地回答："我是按书架上图书的次序读的。我想把这图书馆里所有的书，一本接着一本都读完。"先生认真地说："你的志向很远大。不过如果没有具体的目标，学习效果是不会好的。"这席话对爱迪生触动很大，成为他确立学习方向的一个转机。他根据自己的爱好、兴趣和专业目标，把读书的范围逐步归拢到自然科学方面，特别注重电学和机械学。定向读书，终于使他掌握了系统而扎实的知识，成为伟大的科学发明家。

瑞典发明家奥莱夫的父母是伐姆兰省乡下最贫苦的佃农。他出生的时候，家里最值钱的东西就是一支鸟枪和三只鹅。当时，有一位身着华丽衣服的亲戚抱着自己的儿子，讥笑他的父母："你们的儿子永远是一个看鹅的穷鬼！这是命中注定的事情。"奥莱夫的父亲听后，笑了笑回答道："不，你说得不对！我们的奥莱夫将来一定是国家的栋梁。只需20年的时间，他就可以雇你的儿子当马夫。"从奥莱夫刚刚懂事时起，父亲就帮助他把自己的人生目标定位为国家的栋梁，并时时刻刻都向着这个目标努力。奥莱夫20岁的时候完成了一项重大发明，并且很快成了瑞典数一数二的发明家和富翁。

俗话说，有志者事竟成。在可能的条件下，谁期望什么，谁就能得到什么。希望是成功的种子。

非学无以广才，非志无以成学。家长要根据孩子的兴趣、特长，鼓励他们从小树立自己的理想，为实现自己的理想而勤奋刻苦地学习，不断自觉地磨砺自己的意志。要教育他们，实现理想就必须脚踏实地一步一个脚印地前进，个人理想只有与民族、国家的前途命运联系在一起，才更有意义，使孩子幼小的心灵中的理想火花不断升华到更高境界。

高尔基说："一个人追求的目标越高，他的才能就发展得越快，对社会就越有益；我确信这也是一个真理。"巴斯德也说："立志是一件很重要的事情……立志、工作、成功，是人类活动的三大要素。立志是事业的大门，工作是登堂入室的旅程。这旅程的尽头就有个成功在等待着，来庆祝你的努力的结果。"很难设想，一个从小鼠目寸光、胸无大志的人，长大了会有什么大出息。古人说：彼人也，吾人也，彼一能之，吾十能之。做家长的也应胸怀大志，树立信心，为了祖国的前途和命运，下决心搞好子女教育，使孩子早日成为栋梁之材。

马克思之所以成为千年第一思想家，除了他良好的聪明才智，还与他远大的抱负和坚强的意志分不开。他在1835年8月写的《青年在选择职业时的考虑》这篇中学毕业作文中，表达了自己的崇高理想：

"在选择职业时，我们应该遵循的主要指针是人类的幸福和我们自身的完美。""如果一个人只为自己劳动，他也许能够成为著名学者、大哲人、卓越诗人，然而他永远不能成为完美无疵的伟大人物。""如果我们选择了最能为人类福利而劳动的职业，那么，重担就不能把我们压倒，因为这是为大家而献身；那时我们所感到的就不是可怜的、有限的、自私的乐趣，我们的幸福将属于千百万人，我们的事业将默默地、但是永恒发挥作用地存在下去，而面对我们的骨灰，高尚的人们将洒下热泪。"

陶行知说："立大志，做大事。"当代教育家杨瑞清改了一个字："立大志，做小事。"抱负再大不付诸行动也是空的。要善于引导孩子从远处着眼，从小处着手，防止眼高手低。家长需要处理好引导孩子立志与期望值的关系。家长首先要关注孩子的想法，引导孩子要往远处看、往高处想，也就是树立远大理想和志向。对于孩子的理想或抱负，不要打击挖苦，即使看起来不切实际，也应在加以肯定的前提下再进行引导。同时，家长对于孩子又不能期望值太高，特别是不能与别的孩子随意攀比。理想和志向是牵引孩子前进的动力，至于孩子到底走多远，往往由各种因素制约。如果老是觉得自己的孩子离家长要求差得太远，势必形成对孩子的负面情绪，反而对孩子的成长和发展造成障碍。

大家都熟悉这样一组电视画面：有记者问一位放羊娃："为什么不上学？"回答："爹不让上。"问："为什么不让上？"回答："要放羊。"

问：“放羊干什么？”回答：“好卖钱。”问：“卖了钱干什么？”回答：“给我长大了娶媳妇。”问：“娶媳妇干什么？”回答：“好生娃。”问：“生娃长大干什么？”回答：“娃长大放羊。”当然，放羊也是一种生存方式，社会也需要有人放羊。可是我们不能祖祖辈辈都放羊，我们祖国的发展昌盛还有比放羊更有意义的事。如果我们世世代代固守“放羊梦”，那么民族复兴的伟大“中国梦”何时才能实现？

第三十六计 与日俱新

沉舟侧畔千帆过 病树前头万木春

家长对子女的教育观念和方法不能墨守陈规、一成不变，而应与时俱进，不断创新。为了孩子的健康成长，家长要不断进取，更新观念，勤奋学习，创造学习型人生。

俗话说：太阳每天都是新的。古希腊也有句名言："人不能两次踏入同一条河流。"社会在进步，时代在发展，生活在变化，孩子在成长，家长对子女的教育观念和方法也不能墨守成规、一成不变，而应与时俱进，不断创新。

第一，要适应社会发展与时代变迁的要求。社会的发展变化可谓日新月异，新生事物层出不穷，家长如果封闭保守，始终守着一副老脑筋，很难适应子女的要求。当今时代信息爆炸，新名词不断涌现，什么克隆技术、纳米技术、互联网、数字电视、WTO……家长不可能事事钻研思考，处处行家里手，但也不能成为时代的弃儿，成为现代文盲、科盲，而应通过各种媒体了解和关注世界的发展变化，保持与日俱新的良好心态，关心和接受新事物并和孩子一起热爱和探讨新事物，共同迎接"知识经济"的挑战。

社会上关于"代沟"问题曾引起关注和讨论。有人认为，父母与子女的教育背景、生长环境的不同导致了双方思维方式的不同。父母的思维方式形成于他们那个年代，已落后于时代前进的步伐，而子女的思维方式则形成于当下，跟时代的发展节奏是相吻合的，而由于父母固守旧有的思维，并希望以他们的旧有思维来约束子女现在的行为，因而，由于父母固守旧有思维而形成了代沟。显然，要填平或避免"代沟"，家长就需要不断学习，跟上时代的步伐，转变思维方式，更新知识理念，增强对子女的了解与沟通。调查显示，凡是有宝宝的夫妻，几乎所有的夫妻都与他们的父母在育儿观念上存在较大分歧，绝大多数家庭因此发生过矛盾和争吵。那么正在进行隔代教育的老人们，在教育孩子时究竟该做些什么呢？专家建议：老人们在发挥自己丰富的教育经验的同时，也要尊重孩子父母的教育方法和理念，时代在发展进步，教育观念也要与时俱进。

第二，家庭教育要适应孩子年龄阶段变化的要求。根据科学研究，儿童和青少年一般划分为如下几个阶段：乳儿期（0—1岁），婴儿期（1—3岁），幼儿期（学龄前期）（3—6、7岁），童年期（学龄初期）（6、7岁—11、12岁），少年期（学龄中期）（11、12岁—14、15岁），青年初期（学龄晚期）（14、15岁—17、18岁）。每个阶段在人生的发展中都非常重要，并且不同阶段有着不同的特点。家长必须根据不同年龄阶段的特点而实施教育。

学龄初期，是儿童身体发展相对稳定的时期。这个时期是儿童心理发展上的重大转折期。孩子开始进入学校从事正规的、有系统的学习，学习代替了游戏，并逐步以学习为主导活动。这个阶段，家长主要应为孩子做好入学、学习态度、学习习惯、学习方法的准备和训练工作。少年期即学龄中期。这是一个过渡时期，是从儿童期向青年期过渡。这个时期，家长既不要把他们当成小孩子看待，也不能当作成熟的成人；既要适当地尊重他们的意见，又要给予必要的正确的指导监督；既要采取有力措施充分发展他们的独立性、自觉性，又要积极而恰当地克服他们的幼稚性、冲动性和依赖性。青年初期即学龄晚期。这个时期是人走向独立生活的时期。青年时期一般爱好批判，要求独立、自主的愿望比较强烈；在日常生活问题上想摆脱父母的权威。因此，父母应日益尊重他们的独立性；要求他们能自觉地履行职责。但还不能完全把他们当成人对待。要考虑他们的世界观初步形成，还不成熟、不稳定，要教育他们准备在以后的生活道路上进一步接受锻炼和考验。

第三，要适应孩子学历层次变化的要求。孩子一生的学习过程，就正规的学校教育来说，主要是从小学、中学、大学和研究生，不同学历层次的特点是不同的，家庭教育也应侧重于不同的学历阶段有针对性地进行。一方面要根据学历层次的提高而不断改进教育方式和方法，不能犯刻舟求剑、守株待兔的错误；另一方面还应主动提示和引导孩子，积极适应学历层次变化的要求，配合学校搞好子女教育。比如，孩子入学，就教育孩子自己是学生了，要懂得学习的重要性，适应学校生活。孩子上中学，要教育孩子，自己是中学生了，要提高学习的自主性和自觉性，培养自理能力，等等。孩子上大学了，要教育孩子尽快适应大学生活，博学勤思，敢于创新，全面提高自身素质，以适应将来择业工作或继续深造的需要。

第四，要适应教学内容改革和素质教育发展的要求。随着我国改革开放的深入，教育体制和教育内容也进行了一系列的改革，全面推行素质教育。家庭教育也应适应这一变化，配合教育改革与创新，培养和提高孩子的整体素质。长期以来，我国一直搞的是"应试教育"，教学的主要目的是提高孩子的应试能力，重知识轻能力，重理论轻实践，而且课程体系陈旧，教学内容老化。为了改变这种状况，从小学到大学，先后推行了一些改革措施，全面实施素质教育。所谓素质教育，主要是着重于开发人的潜能，提高孩子的素质；面向全体，不让一个孩子掉队；力求促进学生的整体发展，反对片面培养应试能力；突出孩子的主体地位，把能力培养作为重点。在大学已经开始实行学分制，学生自主选课和老师，实行弹性学制。对于这些改革和变化，家长要及时了解，主动适应，密切配合。

第五，要适应信息技术发展的要求。现代数字信息技术的发展，特别是互联网时代的到来，对未成年人思想道德建设产生了巨大的冲击。凶杀、色情、暴力等网络信息垃圾和黄、赌、毒的引诱和毒害对未成年人思想道德观念产生巨大影响，使未成年人逐步陷入网络生活，产生远离现实的虚幻感觉，淡化了他们的爱国情感、理性情怀和集体观念，使其价值取向、行为方式、个性心理遭受严峻挑战。家长要积极应对挑战，改变过去传统落后的教育方式，充分利用现有的科技手段，在充分发挥传统教育手段作用的同时，提高以互联网为标志的第四媒体的教育能力；充分利用丰富多彩的教育形式，把爱国主义、诚信观念和集体主义等思想道德内容融入、渗透在网络传媒媒质之中，切实加大网络道德教育力度，积极抢占网络教育制高点。

常言说，理论是灰色的，生活之树是常青的。实践是不断发展的，理论也要随着实践的发展而发展。实践不停止，认识不止步。我们已知的事物只是圆圈内的部分，圆圈外的东西都是未知之物。知识越丰富，接触的未知面也越多。一次，苏格拉底的朋友到德尔斐神庙请示神谕，询问苏格拉底是不是希腊最有智慧的人，得到了肯定的答复。苏格拉底知道后十分惊诧，因为他一贯以无知自居。于是，他到处找"聪明人"对话，以证明神谕错了，然而，却失望地发现那些据说聪明的人实在不怎么样。苏格拉底终于悟出了神谕的含义：他之所以被认为是最聪明的人，不是因为他有知识，而是因为他知道自己无知。一个自以为智慧的人不会再去追求智慧，而一个自认无知的人才会对智慧忠诚，毕生热爱和追求智慧，从而不断趋近智慧。

科学家牛顿尽管作出了巨大贡献，却从来没有骄傲自满过，他谦虚地说：在科学的道路上，我们只是一个在海边玩耍的孩子，偶然拾到一块美丽的石子。至于真理的大海，我还没有发现呢！

任何一种理论知识的学习与探索都是随着实践的发展而发展的，家庭教育知识与规律的学习与探索也是如此。"未来，变化是唯一的不变。不改变，就会被瞬息万变的未来所淘汰。"这正是畅销书《谁动了我的奶酪》所道出的真谛。未来的竞争是人才的竞争。而教育是培养人才的基础和关键。英国哲学家洛克曾告诫人们："教育上的错误比别的错误更不可轻犯。教育上的错误正如配错了药一样，绝不能借第二次、第三次去补救，它们的影响是终生洗刷不掉的。"如今许多国家都把教育作为现代化建设的一项基础工程，坚持教育先行的原则，而且大力提倡终身学习，创建"学习型社会"。作为家长，为了孩子的健康成长，也要不断进取，更新观念，勤奋学习，创造学习型人生，创建学习型家庭。

家教四字经

为人父母	尽职尽心	搞好家教	为国育英
人之初始	胎教第一	营养丰富	爽心悦目
知彼知己	因材施教	借花献佛	循序渐进
以身作则	夫唱妇随	二人同心	其利断金
教学相长	寸草春晖	扬长补短	破缸救儿
孟母三迁	孔融让梨	防微杜渐	杀猪教子
磨杵成针	吃得菜根	艰难困苦	玉汝于成
梦笔生花	移花接木	导而弗牵	点石成金
避实击虚	声东击西	明修栈道	暗度陈仓
引而不发	以美益智	寓教于乐	温故知新
素质教育	环环相扣	严爱结合	一张一弛
志存高远	树立信心	与时俱进	不断创新

附二

青少年"罪错"成因与矫治对策

在我国,青少年"罪错"已成为严重的社会问题。造成青少年"罪错"的原因是多方面的,既有家庭、学校和社会因素,也有个体主观因素。要预防和矫治青少年"罪错"现象,需要家庭、学校、社会与青少年的有效配合与互动。重视家庭教育,改变家长观念;完善教育理念,创新教育方式;优化社会环境,强化社会教育;加强心理疏导,培养完善人格,是预防和矫治青少年"罪错"的必要举措。

一、青少年"罪错"概述

(一)"罪错"与"罪错"青少年

罪错,指处于成长期的青少年,由于缺乏社会伦理意识和法制观念,为满足自身欲望或在激情作用下而实施的错误行为或者违法犯罪行为,这些行为有的并没有涉及法律但给青少年个人及家庭带来严重危害,有的是侵害他人与社会利益而触犯法律的。"罪错"青少年,是一个笼统的概念,是从社会综合治理方面提出的一个"有中国特色"的概念,其范围比较宽泛,主要包括在少管所或监狱服刑的青少年以及有违法犯罪行为但不够刑事处罚或不需要刑事处罚的青少年。之所以这样归类，是因为他们都有违法犯罪行为，而且急需有力的矫治。这里以"罪错"青少年为对象，避免使用"犯罪"这个刺耳的法律术语，使得他们在受教育时易于接受。目的是通过对这类特殊群体的分析，以及矫治对策的研究，达到矫治和预防再犯的目的。

通过对青少年"罪错"原因分析，使社会各个方面对"罪错"青少年行为矫治更为重视，促进制定和实施更有效的措施。通过对我国"罪错"青少年存在的问题以及矫治的可能性和紧迫性的分析，结合我国国情以及青少年犯罪现状，借鉴国内外"罪错"青少年行为矫治的相关经验，从政府、家庭、学校、社会各个方面提出对我国"罪错"青少年行为矫治具有建设性、可行性的对策。

（二）我国青少年"罪错"现状及特征

据中国青少年研究中心青少年法律研究所提供资料显示，新中国成立以来，我国青少年犯罪率不断升高，呈现出令人担忧的急剧增长趋势。据公安部统计，20世纪50—60年代，我国青少年犯罪约占全国刑事犯罪总数的20%—30%；到了80年代增至70%，进入21世纪后仍居高不下，成为社会各界共同关注的热点问题。《中华人民共和国未成年人保护法》和《中华人民共和国预防未成年人犯罪法》的颁布实施，虽使青少年犯罪现象暂时得到了一定的扼制，但现状仍不容乐观，主要表现在：青少年犯罪案件数量不断增加。据最高人民法院的统计数据显示，从2000年以来，我国未成年人犯罪呈现了明显上升趋势。从2000年到2004年，全国各级人民法院判决生效的未成年人犯罪人数平均每年上升14.18%。从2008年至2011年，全国各级人民法院判决生效的未成年人犯罪人数在平均以12%的速度逐年上升。可见，我国青少年违法犯罪现象正在日益加重。青少年犯罪经常表现为杀人、抢劫、强奸、盗窃等故意犯罪。他们犯罪时不计后果，手段残忍，社会危害极大。

1. 青少年犯罪日益低龄化

20世纪90年代以来，青少年违法犯罪的初始年龄比20世纪70代提前了2—3岁，犯罪的高发年龄在18岁左右，其中以14—16岁的少年犯罪更为突出，并呈现出越来越低龄化的趋势。据统计，从2002年到2005年，青少年作案平均年龄下降2岁，由22周岁降为20岁，且14—16岁青少年犯罪状况日益突出。未满14周岁的未成年人实施抢劫、强奸、故意伤害致人重伤等行为，他们已具备了犯罪的要件，不少作案者的作案手段非常恶劣、残忍。由于发育年龄的提前以及频繁接触不良文化的影响等诸多因素，当前我国的青少年在11—12岁左右就已经在性别特征、身高、体重等生理方面表现出成人化特征。而这段时期内，青少年往往好奇心强、精力旺盛，但同时又具有思想不成熟、自控力差的特点，如果家庭、学校、社会不能给予及时正确的引导，青少年很容易误入歧途。

2. 青少年团伙犯罪增多，集团化趋势明显

近年来，青少年犯罪团伙数量越来越多，发展态势让人非常担忧，由单一性、松散性、突发性、偶然性向纠合性、紧密性、智力性等新的特征转化。据有关资料统计，团伙犯罪在目前我国青少年犯罪案件中占据大约60%以上的比例，且有逐年上升的趋势。据上海市青少年保护办公室调查，青少年团伙犯罪突出，约占犯罪人数的2/3。这些青少年犯罪团伙以一定的方式和社会联系为纽带结成，以成年犯为主、少年犯参与，少则3—5人，多则20余人，进行抢劫、强奸、盗窃等团伙犯罪活动。他们结伙行动，分工配合，互相照应，互相壮胆。由于组织群体大多数是辍学人员和社会闲散人员，他们一旦被不法分子操纵，极易形成一个具有严密组织形式、分工明确的团伙，从而具有很大的破坏性。

3. 青少年重新犯罪率较高

据有关部门调查，初次违法犯罪的年龄低于11岁者，以后约有65%的人员重新犯罪，12—15岁初次犯罪的未成年人中再犯罪率为54%，初次违法犯

罪年龄在16—21岁之间的未成年人再犯罪率约为 40%。在成年男犯中，在青少年时期，有过违法犯罪者比没有违法犯罪经历的人员要多7倍。由于未成年人还处于成长发育时期，其身心具有较大的可塑性，青少年犯在服刑期间，由于各种措施较为严格以及周围环境因素的影响，其表现基本较好。但在服刑期满后，其走上重新犯罪的可能性都比较高。导致这一现状的既有自身原因，也有外界原因，其中社会歧视和排斥是导致其后果的重要原因。青少年犯在刑满释放后，由于难以有效地消除他们身上的污点，难以重新开始正常的社会生活，容易与社会上的不良人员接触联系，而重新走上犯罪的道路。

二、青少年"罪错"主要成因分析

（一）家庭因素

青少年出现"罪错"现象，家庭教育不当甚至缺失是重要原因。因为家庭是社会的细胞，各种社会影响会通过家庭的种种因素施加给青少年；同时家庭成员的思想、性格和教育方法等也会直接影响青少年的成长。就家庭而言，造成青少年"罪错"的原因也是十分复杂的。有的是因失去父母或在单亲家庭环境中长大，得不到家庭温暖而失足；有的备受父母的娇宠而放荡不羁；有的是因为家庭经济条件不好而违法……目前研究表明，家庭教育对青少年"罪错"的影响日趋明显。

（二）学校因素

学校是提高青少年文化、道德修养的场所，青少年的身心是否能健康成长，在很大程度上取决于学校有无良好的教育环境，优良的教育环境必将对孩子心灵健康成长产生重要而积极的影响，反之则可能会使学生染上不良行为习惯。从目前看我国的教育环境仍存在诸多弊端。

1. 学校教学思路存在偏差

九年义务教育本应是国民素质教育，但在一些地方被异化为所谓的精英选拔，由此导致人格教育缺陷。虽然"素质教育"已被提倡许多年，要求学生在德、智、体、美、劳都全面发展，但迫于升学的压力，学校偏重应试教育的状况仍没有明显改善，片面追求升学率，不顾及学生的心理和身体特点，随意加重学生的学习负担，导致学生的厌学情绪严重，把孩子培养成了一个只懂得读书而对其他事物一窍不通的机器。还有的学校把学生分为尖子班和普通班，甚至有的把学习差的学生分在一起，使学生遭受歧视，导致厌学，不求上进，逃课，最终到社会上参与一些违法活动，也是造成目前青少年违法犯罪低龄化的主要原因。

2．教育方式不得当

一些教师在日常教育中缺乏耐心，恨铁不成钢，对学生使用不适当的方法。比如，吵骂学生，讽刺挖苦，罚写作业，请家长；更有甚者对学生进行体罚，而不去对学生耐心地说服教育，造成孩子对学校产生畏惧、厌恶心理。一面是对学习的厌恶，一面是家长的期许，孩子承受不了这双重的压力，而选择离家出走，流入社会，也会构成社会不安定因素。

3．学校心理教育和青春期性教育滞后

重视学习成绩、忽视学生心理健康，是不少学校教育管理存在的突出问题。虽然绝大多数学校都开设了性生理课程，但实际上许多学校和老师并没有足够重视开设课程的重要性。把其放在边缘的位置，讲课时要么半遮半掩，要么就一带而过，学生心理上的疑团并没有真正解开，强烈的好奇心理也会促使学生做出一些危险的行为，酿成苦果后悔莫及。

4．学校管理不善和部分教师职业道德缺失

一方面，学校的管理工作不到位，很难营造出一个良好的学校风气，对各方面事务的管理制度不健全，便不能及时约束个别学生的不良行为，此类问题如不能得到及时解决与控制，邪恶势力也会迅速在校园里肆意蔓延，甚至会出现有组织的校园黑社会，校园犯罪也会接踵而来，校园犯罪波及面的深度和广度将会进一步加大；另一方面部分教师利用家长对孩子望子成龙的迫切心情，而忘记教师为人师表的宗旨，做出向家长索要财物，违规收费或向学生推销商品赚取提成等有损职业道德的行为。这些做法会腐蚀孩子心灵，也会使部分没有满足其目的的学生遭到歧视与冷落，无法正常进行学习。

（三）社会因素

1. 社会转型与流动因素

社会转型时期出现的矛盾冲突和价值失范。在社会转型时期，改革开放为我国带来了前所未有的繁荣和发展，但是，伴随着各种矛盾冲突的日趋复杂、价值观念的局部失调和经济领域的急速转轨，"现存的社会规范难于控制人们的行为"，"社会规范体系的功能缺陷"导致犯罪现象的复杂化。社会行动能力薄弱、社会控制能力有限的青少年在各种不良因素的侵蚀和消极因素的刺激下，容易出现反社会性行为。也就是说，法国著名社会学家迪尔凯姆所谓的"社会失范"成为青少年犯罪的"母体"之一。很多青少年之所以走上犯罪的道路，与社会风气的影响有着密切的关系。

近年来，随着我国工业化和城市化进程的加快，我国人口流动的规模不断扩大，流动人口成为备受社会关注的群体。2005年年底，国家统计局全国人口1%的抽样调查显示，我国有流动人口1亿4735万，在今后一段时期每年还将以一定的数量持续增长。据估算，今后我国流动人口每年还将增加500万左右。在数量庞大的流动大军中经常能见到一张张年轻的面孔，他们当中有来自广大农村进城务工的青年农民工（据统计目前我国有2亿多农村青壮年劳动力进城务工），有在城市寻求发展的所谓"漂"一族，有跟随父母外出生活学习的少年儿童，他们是一个值得关注和研究的群体。大量的流动人口不仅给社会管理创新提出了挑战，而且也是造成青少年犯罪率上升的重要因素。

2. 城市化因素

随着经济的不断发展，犯罪随城市化的加速而同步增长。在以往传统社会里，一般都保持着一个较低的犯罪率，城市化高潮则带来了犯罪的高发时期。这种情况先是发生在早期工业化和城市化的国家，随后在后工业化和后城市化的国家里发生。联合国犯罪预防与控制委员会从20世纪70年代开始，进行了三次大规模的全球犯罪调查，这些调查的空间范围涵盖了80多个国家与地区，时间跨度20多年。调查结果显示无论是发达国家，抑或是发展中国家，犯罪都呈现大幅度增长的态势。城市的高犯罪率与城市的社会环境有关，比如人口密集问题、下岗失业问题、职业结构复杂、人口的高速流动、人际关系的疏离、弱势群体的大量存在、传统社会控制手段的失效、贫富差距的拉大，等等。这些与城市化密切相关的诱发犯罪因素，也对青少年产生了深刻的影响，直接诱发了青少年犯罪的发生。由于青少年接受新事物快，不但在传统犯罪中占有一席之地，在过去所没有的新形态犯罪中，青少年也占了很大比例，如游戏型犯罪、高科技犯罪、毒品犯罪和网络犯罪等，给社会带来了更大的危害。

3．网络文化因素

互联网在我国的迅速发展，使广大青少年成为上网的主力军。但网络是一把典型的"双刃剑"，它在给青少年带来诸多积极影响的同时，也给他们的健康成长带来了许多负面影响。网络与青少年犯罪之间的关系正在日益密切。继父母离异、毒品、电子游戏等引发青少年犯罪的主要原因后，网络在青少年犯罪中的催化剂作用正在成为不争的事实。网络中暴力、色情的游戏和不良信息对未成年人的行为产生各种负面影响，因沉迷网吧导致犯罪，因网恋而导致犯罪，以网络作为媒介引发犯罪等类似这类通过网络纠集成员进行的青少年犯罪，是犯罪所具有的鲜明的时代特征。青少年长期玩暴力游戏，往往导致生命观扭曲，把现实中的生命当作游戏中的"敌人"一样随意灭失。公安部前任新闻发言人武和平说：根据公安机关的初步统计，被抓获的青少年罪犯当中，有近 80%的人曾经受到网络不良信息的诱惑，令人痛心。更有甚者，有人把游戏机改装成赌博机，利用游戏厅引诱青少年参与赌博活动，使青少年误入歧途。

4．社会心理因素

随着改革开放的不断深入、利益格局的重新调整，累积的各类社会矛盾和问题大幅度增加。社会心理失衡和冲突是导致青少年犯罪的重要动因。早在19世纪90年代，法国心理学家古斯塔夫·勒庞在《乌合之众》一书中就指出，个体一旦参加到群体之中，由于匿名、模仿、感染、暗示、顺从等心理因素的作用，个体就会丧失理性和责任感，表现出冲动而具有攻击性等过激行动。目前我国青少年群体性犯罪增加，正是当今社会所弥漫的一种特殊社会心理的反映。

5．"不良亚文化"因素

导致青少年犯罪增多的因素是多方面的，其中"不良亚文化"的消极影响是一个不可忽视的方面，对此必须引起重视，并加以控制和防范。"不良亚文化"是指亚文化当中与社会主文化相背离、相对抗的部分，即在一定社会范围内或一定群体中普遍存在的与主文化偏离或对立的各种思想观念、价值标准、组织形式、行为规范等的总和。在一定社会的文化整体中，存在着许多亚文化，有些亚文化是负文化，这些负文化也就是"不良亚文化"，其所发挥的功能，对于整个文化来说是非整合的。"不良亚文化"是与社会主文化、社会正统心理相错位、相背离和对立的，具有叛逆性、破坏性。

在我国，自新中国成立以后至改革开放之前的一段时期内，不良亚文化乃至整个社会的亚文化相对较少，有些旧社会遗留的消极文化现象也一度处于消解过程中。改革开放后，经济体制的变革与转换，利益群体的分化与重组，思想文化领域的宽松与搞活，外来思想文化的传播和影响，社会心理剧烈冲突，社会亚文化大量产生，对社会主文化产生了巨大的冲击力。不良刺激的增多，消极文化的蔓延，给青少年的成长带来了直接的消极影响，直至诱发犯罪。

据有关部门调查分析，20世纪80年代末90年代初，是我国第二个青少年犯罪高峰期，其中社会规范失控、价值观念的巨变，一些宣传暴力的电影和文艺作品的影响，社会不良刺激的增多，以及大众传播媒介对孩子早熟的影响等，是造成这一高峰期的主要精神因素。二十年过去了，这种状况非但没有好转，反而愈演愈烈。据一位长期从事少年法庭审判工作的法官说：我国每年大约有15万未成年人因有违法犯罪行为而被公安机关查处，其中3万余人被判为少年犯。这位法官说：从许多少年犯自供材料来看，受社会不良亚文化影响并导致犯罪的情况令人触目惊心。不少杀人犯纯粹是对一些影视镜头的刻意模仿，他们甚至否认用匕首刺入人的心脏会真的把人杀死。犯抢劫、偷盗罪的未成年人则多为影视里花天酒地的生活方式所诱惑。涉嫌性犯罪的未成年人几乎全部观看过淫秽影碟或访问过色情网站。

如果说大众传媒的失控令人担忧的话，那么还有一个为人所忽视的领域，这就是非大众传媒对青少年的影响。所谓非大众传媒就是各种灰色民谣、黑话、小道消息、手抄本等，它们往往是社会潜意识和不良亚文化的主要载体和传播途径。像"玩就玩个心跳"，"过把瘾就死"，"一无二没三拉倒"（无所谓，干活没劲，玩也没劲，一切都拉倒吧！）反映了转型期的一种浮躁心态，其对青少年的影响往往是弊多利少。有些灰色民谣往往以偏概全、丑化现实、误导人生。青少年时期是心理上的"断乳"和"动荡"时期，他们身体与心理、情感与理智的矛盾与落差，造成他们尚缺乏分辨与自控能力，在社会不良亚文化的影响下，极易诱发犯罪和其他错误行为。

在"不良亚文化"当中，有一种不良群体亚文化（或叫团伙亚文化），是指一部分具有明显反社会倾向的群体成员在违法犯罪生涯中逐步形成的可诱发、支配犯罪的思想观念、价值标准、组织形式、行为规范等。不良群体的破坏性是比较大的。青少年一旦受到这种亚文化的影响，乃至陷入这类群体之中，往往会走向歧途。不良群体亚文化对团伙犯罪起着很强的刺激作用：巩固犯罪团伙的组织，培育反社会意识；传播犯罪经验和犯罪技能；延续犯罪历史，扩大团伙影响。犯罪团伙亚文化一旦形成，就具有相对独立性，并借助于各种传播渠道加以传递。有的团伙亚文化扩展、蔓延，对社会上一些青少年或其他犯罪成员施加影响，使之误入歧途或迫其就范，发展外围组织，扩大犯罪规模。这种亚文化若得不到及时打击和控制，不仅会直接导致青少年犯罪，而且还将对整个社会心理和社会风气带来不良影响。

青少年时期是心理上的"断乳"和"动荡"时期，他们身体和心理、情感和理智的矛盾与落差，造成他们尚缺乏分辨与自控能力，在社会不良刺激的影响下，极易诱发犯罪和其他错误行为。一些潜隐的社会心理的存在和传播，在一定程度上有助于青少年全面了解社会，但有时则往往是歪曲乃至丑化现实，误导人生。世界著名童话故事《小红帽》中的主人公小红帽，正是由于受不良刺激的影响（狼的引诱）而误入歧途，狼正是利用了小红帽的逆反心理（为什么一定要听从妈妈"不要离开大路"的警告呢？）和猎奇心理（去采一些鲜花该多好呀！）于是，小红帽一路跑着，走进了树林深处（走向深渊）。电视连续剧《孽债》中有一个镜头，从西双版纳来上海找妈妈的天华与他的女伴一起"喝早茶"。女伴为了让他"见见世面"，解释说，周围的人们看上去在喝早茶，其实是在谈生意，他们都有着不同的行话、黑话和暗号，比如将香烟与打火机以特定方式摆在桌子上，就表示"贩外烟"，而换一种摆法则表示"赌博"等。最后，这对少年在不良刺激的影响下走上犯罪的道路，则是顺理成章的事。

一般说来，不良群体的破坏性是比较大的，因而青少年一旦受到这种亚文化的影响，乃至陷入这种群体当中，往往会走向歧途。不良群体亚文化不仅可以直接导致青少年犯罪，而且对整个社会心理和社会风气也将产生不良感染。像当今社会部分青少年中存在的"文身热"、流氓心态等，就是这种亚文化蔓延泛滥的结果。

（四）主观因素

1．心理障碍

导致青少年犯罪的主要精神因素除不良亚文化而外，主观上还由于部分青少年存在着严重的心理障碍。中国青少年研究中心曾于1992年10月到1993

年12月在全国9个省市自治区，对青少年的生活方式作了大规模的调查。统计表明，有烦恼和压抑的青少年占40.3％，这是一个不小的比例。青年人最烦恼和压抑的前三项是：挣钱少、住房难、就业难，其他还有用非所学、人际关系、升学、恋爱等问题。青少年的合理愿望得不到实现，很容易产生焦虑、不满和逆反情绪，严重者还会滋生反社会倾向。心理障碍得不到及时矫治，心理压力不能解除，往往会诱发"罪错"行为乃至犯罪。据某市公安局提供的一份调查资料表明：在2007名犯罪人员中，有心理障碍者占83.14％，其中重度心理障碍者占24.06％。

2．情商、意商缺陷

《三字经》说："人之初，性本善。性相近，习相远。苟不教，性乃迁。"这句话很有道理，人在少年时期正是接受德育、修养品性的最佳年龄。但现在的中小学生在应试教育的重压之下，不大可能做到德智双修。从实际情况看，德育应包括"意商"和"情商"，就是意志的坚强程度和情绪的控制能力。一个人倘若意志薄弱，就不可能持久而顽强地"进德修业"。现在因意志薄弱而走向堕落的人比较多见，且不说吸毒、卖淫、偷盗这类违法行为，就染上"网瘾"而言，青少年一头扎进网吧，荒课逃学，几天几夜不出来，根本谈不上进德修业。

再说情绪控制能力，消极现象也很严重。现在有些青少年情绪一激动就走向极端，而不考虑行为的后果。还有的青少年（包括大学生）缺乏心理承受能力，受到挫折就作出消极或过激的反应。事实上，随着现代物质文明的发展，人的任性与纵欲程度正呈现出攀升之势。有专家认为，中华传统文化的修身克己思想正是任性纵欲的对症良药。中华民族在这方面的独创性思维经验很应该在全世界传播与弘扬。

3．信仰缺失、人生观价值观失衡

曾有研究人员专门就我国目前大学生人文精神状况进行过问卷调查，在对问卷进行统计分析后发现，在回答"你的信仰是什么"的问题时，66.1％

的人选择了"实用主义",接下来依次是"共产主义"(13.3%)、"享乐主义"(11%)、"功利主义"(5.1%)、"个人主义"(4.5%)。在回答"你的理想和追求是什么"的问题时,64.5%的人选择了"事业成功,生活满意",10.6%的人选择了"家庭生活幸福",1.9%的人认为是"个人的名利"。此外,还有14.7%的人回答"人格的完善",1%的人说"要为共产主义而奋斗"。这个结果反映出,大学生的思维方式已经发生了很大的转变,那就是从重理想转向重现实,重功利、讲实惠的人生价值取向突出,注重物质利益和短期的回报,而对远大理想和精神价值的追求则显得软弱。这种精神状态对青年人成才和发展的影响值得重视和反思,必须加以积极引导和矫正。

三、青少年"罪错"矫治对策建议

（一）重视家庭教育,改变家长观念

1. 当好孩子的"第一任老师"

孩子在成长过程中出现偏差和问题,首先是家庭教育出了问题,家长本身存在问题。人们常说:"父母是儿童的第一任教师,家庭是人生成长的摇篮。"儿童时期是人的许多良好个性品质、行为习惯的养成时期,个人在家庭中接受人生的第一个教育历程。家庭教育在人的一生成长中至关重要。要有效防止孩子成长过程中出现各种偏差和问题,家长首先要认真履行自身的教育职责,以正确的观念引导孩子,以良好的言行影响孩子,以科学的方法培养孩子。柏拉图曾说:"家庭教育是社会的基础"。家庭成员的社会素质、身体素质、心理素质和创新素质的水平高低决定了整个社会的发展程度,一个家庭的文明程度决定着整个社会文明的程度。

现实生活中,问题青少年家庭教育缺失,主要是家长认识不到位。有些家长谈到家庭教育时,总是说自己忙,没时间教育孩子。事实上,有些人确实很忙,要么为"金钱"忙,要么为"权力"忙,要么为"感情"忙,来也匆匆,去也匆匆,平时很少和孩子交流沟通。结果,到头来,钱也有了,权也有了，情也有了，唯独孩子"丢"了。有些家长即使有空余时间，也不看书、不看报，上上网、瞎胡闹。看看那些问题孩子的现状，心理问题越来越多，自杀人数越来越多，厌学逃学的越来越多，父母难道就没有责任吗？所以，要解决孩子成长中存在的问题，家长首先要认识到自身的教育责任，处理好事业与家庭的关系，个人发展与孩子成长的关系，休闲娱乐与充实提高的关系，真正把子女教育放的心上，落的肩上。

有些家长也十分重视家庭教育，但观念和方法存在问题。当下突出的问题是，重视孩子的物质条件，忽视孩子的心理健康，重视孩子的智力培养，忽视孩子的德育提升，重视孩子的应试成绩，忽视孩子的创新能力，重视孩子的自我意识，忽视孩子的关爱情怀。再加上方法简单粗暴或呵护倍至，造成孩子性格扭曲。所以要矫正孩子成长中的问题，家长首先要转变观念、完善方法。着力促进孩子人格的完善、德育的培养、创新与协作能力的提高，加强与孩子的民主交流与有效沟通，营造一个和谐的家庭教育氛围。

要了解家庭教育的规律性。俄国大文豪高尔基说得好："爱护子女，这是母鸡都会做的事。然而，会教育子女，这就是一件伟大的国家事业了，它需要有才能和渊博的生活知识。"子女教育是一门科学，也是一门艺术。做父母的应尽可能多地了解掌握一些有关子女教育的知识，遵循家庭教育的规律和方法，科学地进行家庭教育。

心理学研究表明，人的性格都是在12岁以前形成的。今天的我们身体已经长大，已经有了独立生活的能力，而那些童年学到的模式化的思想、行为和情感方式、价值观等依然跟随着我们，当面对新的环境和与他人互动时仍然常常在用过去的模式，这些模式化的反应都是条件反射，可以说自己在生活也可以说是过去的经验在活自己。那生命也会变得呆滞、僵化、刻板、固着、封闭、无力……

2．克服重物质轻教育的观念和做法

当前，由于改革开放与市场经济的迅速发展，社会环境更为复杂。从而使家庭教育愈来愈成为社会治安综合治理与构建和谐社会不可缺少的组成部分。稳定社会治安，构建和谐社会一定要重视家庭教育。只有充分运用多种多样的方法提高家庭教育水平，教会、教懂家长如何科学地教育管理子女，从而有针对性地管理教育子女，才能获取良好的家庭教育效果。从儿童健康成长需要出发，农村家长应选择就近务工，尽量搞好子女的教育管理，或至少有一位家长在家陪伴孩子，避免出现"留守儿童"。

国家提出培养青少年德、智、体、美、劳全面发展的要求，这是根据青少年的特点，总结国内外教育的历史经验，符合我国社会主义社会发展的要求提出来的，是符合家庭教育、学校教育的科学规律提出来的。但是，目前有些家长仍存在着只养不教或者追求片面发展的思想倾向。比较突出的是，这些家长认为自己过去吃过不少苦，现在条件好了，希望子女享点福，情愿自己节衣缩食，也要让子女满足物质欲望。尤其是独生子女，三代人围着"小太阳"转；要啥给啥，姑息迁就。有些家长认为人生何必太辛苦，孩子以后只要会挣钱就是本事。

3. 克服重智育轻德育的教育方式

有不少家长片面重视智育而轻视德育，认为只要有"本事"、出人头地就行，不看子女实际品行，拼命地给子女"开发"、"培养"，压学习任务，把品德、劳动技能、行为规范等置之脑后。这种重智轻德、片面发展的思想破坏家庭教育的科学性、完整性，严重影响作为教养一个合格子女的品德基本规范训练，若不更新这种不正确的思想观念，其引起的不良后果是令人担忧的。父母应该树立正确的教育观念，以子女的身心健康和成长成才为根本。

重视子女从小养成良好习惯，遵守行为规范，树立高尚情操。这是家庭教育的重要组成部分。作为父母切不可以认为子女幼小而忽视其良好习惯与行为规范培养。许多做人的基本道理、行为习惯、是非标准是在幼小时日常生活中逐步养成并巩固树立起来的。

4. 关注留守儿童，弥补"爱"的缺失

最新统计数据显示，我国义务教育阶段农村留守儿童已有2200万人。长期以来，"留守儿童"的心理问题始终困扰着每一位教育工作者。由于长期得不到父母的关爱，这些儿童在性格上明显存有任性、冷漠、内向、孤独、怪异、逆反等特征，如不能及时得到解决，不仅会给儿童带来心理上的伤害，而且会给孩子的健康成长带来极其严重的影响。

留守儿童面临的最大的问题是缺乏正确的辅导与监督，父母之爱的缺位容易使他们产生心理障碍和性格缺陷，长时间放任自流可能使其走上违法犯罪道路。而社会监护体系、关爱体系的建立与完善，是解决这一问题的可行之路。

认真落实教育部、全国妇联等五部门联合下发的《关于加强义务教育阶段农村留守儿童关爱和教育工作的意见》，优先满足教育基建，优先改善营养状况，优先保障交通需要。要给留守儿童更多的关爱，各级政府要组织一群志愿者，定期地进村入户，为留守儿童开展志愿服务活动。组织青年志愿者跟他们开展手拉手活动，怜惜他们由于父母长期在外打工感情缺失，同时也通过这些活动，让他们更有利于健康成长。通过示范带动作用，有更多的人能参与到关爱留守少年儿童的活动中，为他们营造一个有利于他们健康成长、成才的良好环境。

（二）更新教育理念，创新教育方式

1. 坚持育人为本，全面实施素质教育

《国家中长期教育改革和发展规划纲要（2010—2020年）》（以下简称《纲要》）强调，把育人为本作为教育工作的根本要求。关心每个学生，促进每个学生主动地、生动活泼地发展，尊重教育规律和学生身心发展规律，为每个学生提供适合的教育。党的"十八大"强调要"全面贯彻党的教育方针"、"全面实施素质教育"。面对新形势新要求，特别指出，"坚持教育为社会主义现代化建设服务、为人民服务，把立德树人作为教育的根本任务，培育德智体美全面发展的社会主义建设者和可靠接班人"。

实施素质教育，是一项复杂的系统工程，需要全社会共同努力，政府是主导，学校是关键，家庭是基础。

各级各类学校都应树立正确的办学理念，尊重教育规律和学生成长规律，强化德育为先、能力为重、全面发展的育人理念。真正把提高学生素质、促进学生健康成长作为学校一切工作的出发点和落脚点，尊重每个学生的个性，关爱每个学生的进步，为他们发展提供适合的教育。

进一步推进素质教育，首先要开全课程，促进学生全面发展，其次要更新教育观念，深化教学内容方式改革，再次要建立科学的教育教学评价机制，重视学生、家长和社会评价，使评价多元化，进一步改进教育教学工作，使量化考核和奖励机制更加合理。

2. 坚持德育为先，促进全面发展

转变重智轻德的教育理念，积极培养青少年完善人格。《纲要》指出，全面加强和改进德育、智育、体育、美育。坚持文化知识学习与思想品德修养的统一、理论学习与社会实践的统一、全面发展与个性发展的统一。

进一步加强和改进未成年人思想道德建设，努力加强和改进德育工作。必须有一支高素质的教师队伍，倡导身教重于言教，有效开展德育工作。德育工作要从身边小事做起，开展多种形式的行为养成活动和心理疏导。拓展德育渠道，把学校教育、社会教育、家庭教育紧密结合，不断创新德育工作方法。更新教育教学理念，贯彻为了一切孩子，为了孩子的一切的思想观念，注重能力培养，让学生全面主动健康地发展。

现代人才成长理论认为，成才主体的创新活动虽然要以一定的智能水平为基础，但智力因素不是成才的根本原因，人才的成功与否，取决于主体创新人格的形成和发展。因为创新过程不仅仅是一种单纯的智力活动过程，还包括许多个性心理品格方面的因素。历史上许多科学和文化巨匠，如爱因斯坦、巴尔扎克、达尔文等，他们都没有超凡的智力，甚至一度被视为"笨蛋"，但最终都取得了举世公认的成就，其原因正如爱因斯坦所言："智力上的成就在很大程度上依赖于性格的伟大，这点往往超出人们通常的认识。"情感、意志等人格因素与人的创造力密切相关，都是创新实践不可缺少的重要条件。

据中国社会科学院当代中国研究所针对12所驻京高校大学生的调查统计，选择"家庭教育和父母言行"作为对大学生政治信仰和人生信念影响因素的约占57.8%；其次是"学校教育和书本知识"，约占29.1%；选择"主流媒体的舆论宣传、英模事迹"和"影视媒体如励志片、偶像剧等"各占19%和3.1%。调研表明，家庭、学校、网络媒介、大众影视、娱乐传媒、社区等在其中都发挥着不可忽视的作用，需要更为密切的配合和广泛的合作，尤其是各方面的自觉参与。

3. 克服科学与人文"两张皮"的现象，使科技与人文教育相辅相成

人文教育的目标就是"教人做人"，它培育学生对人类、对民族命运的关注和责任意识，培育学生高尚人格和健康心理素质。当代教育思潮强调"以人为本"、力求在教育活动中做到"科学"、"人文"与个性化"创造"的和谐统一。信息技术在教育领域中的应用，把我们带到了一个信息空前丰富的教育信息化时代，同时也是一个充满人文忧患的时代。科技发展代替不了人文教育，崇高的人文价值，不应随着技术的发展而受到损害。在加强科学教育的同时，还要加强人文教育，二者缺一不可。

为此，学校必须克服科学与人文"两张皮"的现象，使科技与人文教育有机融合，不仅在教导学生科学技艺，更多地在教育学生如何做事、如何做人及如何融科学精神与人文精神于一体上持续发力。在专业教学中融汇人文素质教育，不应只是把人文内容作简单的点缀，而应尽可能使之融会贯通，使专业的内容彰显人文精神、形成一种精神导向。这样才能使专业技能与人文素质两方面的教育相辅相成、相得益彰。

4. 加强青少年法治教育，培养青少年法治观念

在严厉打击青少年违法犯罪的同时，应当把工作重点放到对青少年的法

制宣传教育上来。青少年违法犯罪的一个主要原因就是法制意识的淡薄。许多青少年并不知道所实施的行为是否为犯罪，而且对行为和后果往往也缺乏应有的考虑。因此，打击和防范青少年违法犯罪应当从源头——法制宣传开始抓起。对青少年进行并加强法制教育，是从根本上厉行法治，培养造就一代新人的重要举措，是建设社会主义法治国家的百年大计。

进行法制教育在法律上而言也是我国未成年人保护法的"司法保护"中的重要一项。如每年12月4日的"全国法制宣传日"，各地教育局都会举行有关"法制教育"的活动，提高中小学生的法制观念。目的是探索新形势下青少年法制教育的新模式，进一步强化广大师生学法、守法、用法的意识，加强学生抵制社会不良现象的免疫力和自我保护能力。塑造法制意识与法制观念，组织学习切身的法规获取法律知识，是青少年的重要任务。青少年必须加强法制教育，增强法制观念，认真学法、守法、用法，才能成为全面发展的社会主义事业建设者和接班人。

利用青少年模拟法庭、典型案例专题片、法律知识比赛等有效方式，增强青少年法制教育的吸引力；要推动法制教育进入教学大纲，大力加强社区青少年法制学校等阵地建设。坚持以未成年人犯罪年度比率为重点的考核评价机制，推动基层有针对性地开展工作。

在搞好法制教育的同时，必须加强在校学生的教育管理和矛盾调解工作。研究表明，校园年轻人间发生的争执很容易在校外升级成肢体暴力行为，而不少犯罪实施者就是在校学生。同时还应加强青年学生的生命教育，形成热爱生命、珍惜自身生命和尊重他人生命的强烈意识。

建立和完善"家长教师联谊会制度"，加强学校与家庭的联系，充分发挥家长的力量改进学校工作，使学生家长积极参与、监督学校的管理工作，确保学校的教育政策与行为切实符合学生的利益，规范办学行为、深化教学改革，促进学生健康发展。

重视农村义务教育发展。据21世纪教育研究院院长杨东平发布的《农村教育布局调整十年评价报告》显示，2000—2010年，在我国农村，平均每一天就要消失63所小学、30个教学点、3所初中，几乎每过1小时，就要消失4所(《京华时报》2012年11月18日)。持续十年的撤点并校，变成"一哄而起"而又"一刀切"的普遍动作时，最终被放置在"受害者"位置的，还是那些农村孩子们。正像抽样调查显示的那样，农村小学生学校离家的平均距离为10.83里，初中生离家的平均距离为34.93里，流失辍学及隐性流失辍学率提高。加之，撤并后导致的新学校的管理和教育资源紧张，以及由此延伸出来的饮食安全、交通安全等问题，更是屡屡进入公众视野。这些问题，显然已引起相关方面的高度重视。2012年9月，国务院办公厅下发的《关于规范学校布局调整的意见》，提出"坚决制止盲目撤并农村义务教育学校"，"在完成农村义务教育学校布局专项规划备案之前，暂停农村义务教育学校撤并"，"已经撤并的学校或教学点，确有必要的由当地人民政府进行规划、按程序予以恢复"。

而仅仅"恢复"就能解决农村学校和农村教育的所有问题吗?问题注定不是这般非此即彼的简单。正像很多人看到的那样，现如今，不少即便被保留的农村中小学，其资源投入的匮乏、教育资源的贫瘠、教学质量的滞后，已经严重到触目惊心的地步。正像杨东平说的那样，农村学校日益荒芜凋敝，农村教育出现了"城挤、乡弱、村空"的危局——而面对这样的危局，特别是面对那些生源不多、教师年迈、资源匮乏的学校，地方政府和教育主管部门，未必有大力扶持和关注的耐心。所以，必须关注农村学校集体消亡的系列负面效应。不为别的，只因为他们和所有的城镇孩子都生活在同一片天空下，不能让他们迷失在连起码的入学平等都得不到有效保障的现在。

（三）优化社会环境，强化社会教育

1. 调控社会心理，优化社会环境

社会潜意识、"不良亚文化"对青少年成长的影响长期引不起重视，正规教育就有被釜底抽薪的危险。因此，在弘扬主文化的同时，必须注意对社会心理的调控和疏导，扼制"不良亚文化"的滋生和蔓延，净化社会心理环境。实施影视作品分级制和广告播放时段制，对那些不适于青少年观看的影视作品和广告则适当"隔离"，减少不良刺激，还给青少年一个良好的精神空间。提高创作者的责任感，扼制"文化垃圾"的生产，控制"污染源"。对失范的社会欲望加以矫治，使人的灵魂得以洗涤和升华，是艺术家的品格；而过分渲染社会欲望，张扬人性的弱点，诱使人的灵魂走向堕落，则是商业艺人的伎俩！对人们普遍关注的难点问题和热点问题，要及时加以克服和解决，减少不良情绪的传染。帮助青少年多开展一些健康有益的活动，减轻身心负担，树立科学的人生观，辩证地看待人生的顺逆得失，以积极乐观的姿态投入学习和创造活动。

2．搞好社会教育，增长社会知识

实现学校教育与社会教育有效互动，全面提高学生综合素质。克服以往盲目"开门办学"或"闭门造车"的极端做法，通过有效途径和方式，推进学校教育与社会教育的有机结合，第一课堂与第二课堂有效互动，全面提高学生的思想政治素质和综合素质。采取多种措施和方式对学生进行社会知识、社会经验和社会适应能力的教育和培养。通过理论与实践的有机结合，开辟第二课堂，培养和提高学生的创造能力、创新能力和创业能力。当代学生思维活跃，这就要求学生思想政治教育在理论与实践的结合上，在国内与国际的结合上，在宏观与微观的结合上下功夫、出实招，增强思想政治教育的吸引力和感召力。

3．规范网络游戏，优化网络环境

调查显示青少年总体的上网时间是很有节制的，超过四成的青少年每周上网时间在10小时以内，近三成青少年在10—20小时。青少年总体上超过半数的上网时间用于查资料和看新闻，玩游戏的时间仅占20%。同时，数字化娱乐方式时代的来临已经势不可当，目前不是封和堵的问题，而是如何占领这一领域，引导青少年进入到健康、有益的娱乐中，避免新娱乐对青少年成长的负面影响。我们不能视数字化娱乐为洪水猛兽，一味回避，甚至封杀、禁绝，相反应由政府牵头，鼓励、扶持娱乐企业开发有益青少年身心健康、促进学习工作的游戏、数字产品和娱乐项目，挤压不良信息的生存空间。

互联网上的"暴力美学"盛行，导致部分青少年从小崇尚暴力，继而成为潜在的暴力行为模仿者。为此，监管部门要严厉打击部分娱乐企业提供含有暴力、恐怖、色情内容的娱乐；正确引导青少年正确看待数字娱乐中虚拟属性，避免产生"匿名"的滥用；积极引导青少年适度参与，不形成依赖甚至成瘾。

互联网给社会带来方便的同时，也产生了一些负面的影响。中国互联网协会副理事长黄澄清指出：如果要保护好青少年，首要的是管住成年人。实名制不是限制做什么，而是做了什么要负责任，现在之所以犯罪率这么高，主要是犯罪成本低,管理成本很高。现在要解决它，重要问题是溯源。

4. 从网格化到"水立方"：建立健全全方位帮教体系

多年来，在党和政府领导下，社会各界为加强和改进青少年教育管理工作而整体联动，携手努力，坚持不懈，孜孜不倦。1992年1月，我国颁布了《中华人民共和国未成年人保护法》，1999年11月，颁布实施《中华人民共和国预防未成年人犯罪法》。1991年、2001年中共中央、国务院、全国人大常委会分别颁布的三个关于加强社会治安综合治理的文件，2000年中央社会治安综合治理委员会颁布了《关于进一步加强预防青少年违法犯罪工作的意见》。当今存在的突出问题是，尽管出台了这些法律法规，但有些地区的领导机构和工作机构还不完善，有些地方经费和人员没有落实致使工作机构形同虚设，工作队伍和制度没有建立，甚至有的基层地方预防未成年人违法犯罪工作无人管、无人问，对重点青少年群体底数不清，"以文件落实文件"、"以会议落实会议"。因此，各级党委、政府一定要从培养接班人的高度出发，加强对预防未成年人违法犯罪工作的领导，综合运用政治、经济、行政、法律、文化、教育等多种手段，"疏"、"堵"结合，预防为主，建设为重，标本兼治，逐步构建以预防工作责任制为龙头，以家庭、学校和社区为主体的教育、管理网络为核心，以未成年人素质教育和健康成长的社会环境优化为抓手的科学有效的、完备的预防违法犯罪工作体系。

创新社会管理，保障流动青少年合法权益。实行网格化管理是一种创新，但对于目前流动青少年管理来说还不够。我们知道奥运场馆"水立方"的构造，既有各自独立的空间，又相互连接和依靠，组成一个庞大的整体。对流动青少年也应实行"水立方"管理模式，从家庭、学校与社会，从流出地到流入地，从政府、企业到社区，进行全方位管理与服务，既给予全方位管护，又保障其自由活动空间。共青团中央权益部副部长卢国慧谈到，当前青少年面临日益复杂的成长环境，我们在调查中也发现，闲散青少年、流浪青少年、农村留守儿童等群体，由于他们特殊的环境和成长经历带来的困难和问题，使他们的权益特别容易受到侵害，也是犯罪行为的高发群体，这必然对他们的世界观、价值观的形成带来深刻影响，导致部分青少年行为失范。面对新情况新问题，创新工作理念、政策体系、体制机制和工作方法，维护青少年合法权益，是我们开展重点青少年群体服务管理和预防犯罪工作必须回答的问题。

重视和发挥社区预防在青少年犯罪预防中的整合、沟通、兼顾和同化作用，成立联席会议制度、引入专业化的社会工作机制、建立社区青少年心理救援机制、完善青少年福利服务机制、构建青少年成长环境预警系统，降低青少年犯罪概率。

青少年是一个特殊的群体，应该用特殊的办法来对待。对于未成年人犯罪，必须认真落实最高人民检察院《关于进一步加强未成年人刑事检察工作的决定》，做到依法"少捕、慎诉、少监禁"。因为不少涉嫌违法犯罪的未成年人大多是初犯、偶犯，其中未成年人犯罪普遍是涉世未深经不起诱惑或者缺乏家庭关爱的青少年，在使用挽救、感化和教育措施，以及非监禁刑后，一般都能珍惜机会，重新犯罪的现象很少。对情节轻微的犯罪尽可能地适用"少捕、慎诉、少监禁"，可以有效防止未成年人罪犯产生"破罐子破择"的价值取向，杜绝"交叉感染"的危险。

（四）加强心理疏导，培养完善人格

1．心理健康与生理健康同样重要

据世界卫生组织统计，全球完全没有心理疾病的人口比例只占9.5%。有专家指出，19世纪威胁人类最大的是肺病，20世纪威胁人类最大的是癌症，21世纪威胁人类最大的是精神疾病。全国人大常委会原副委员长许嘉璐曾指出：当前我国青少年最大的问题不是"身"的保护，更多的是"心"的问题。对未成年人"心"的关怀应该加强。

在西方，特别是美国，人们一旦遇到诸如情绪低落、情感挫折、环境不适等心理问题，首先就会想到找心理咨询师。美国是现代心理咨询的发源地，也是心理咨询业最发达的国家。在那里，几乎每一个中产阶级都有自己的心理咨询师。难怪有人形容说，美国成功人士的臂膀是靠两个人搀扶的，一个是律师，一个是心理咨询师。据统计，每500个美国人中就有1名心理咨询师，30%的美国人定期做心理咨询，80%的美国人会不定期去心理诊所。

有关调查表明，由于社会观念错位，导致公众难以接受心理咨询。中国社会正处于转型期，人们产生的失落感和生活压力，很容易使人患上心理疾病。资料显示，中国目前患有精神疾病的人数已超过1600万，带有情绪障碍及行为问题的17岁以下儿童和青少年约有3000万。大学生、妇女、老年人、白领阶层、下岗职工以及外来民工都是易患人群。各类精神和行为问题，均呈加速上升趋势。专家指出，由于一直以来人们对于正常心理的界定不清，很多人并不认为自己有心理问题。因此，以上统计数字均属于保守数字。事实上，在每个人的生活中，70%—80%的时间都会存在心理不健康的状态，80%以上的人经常出现心理困扰。经受重大自然灾害（如地震等）而劫后余生的人们，也大量地需要进行心理危机干预。这些数据背后，应该是一个庞大的心理咨询市场。

然而，与上面这些数字相对应的却是另一番景象，心理诊室目前的经营情况并不乐观，大部分都是门庭冷落，来访者寥寥无几。究其原因，还是社会观念的落后导致了心理咨询市场供需错位。大多数国人在遇到焦躁、嫉妒、抑郁时，习惯于憋在心里，独自承受，顶多会向周边的朋友倾诉一下，很少有人会主动去看心理医生。去看心理医生的人，往往会被人侧目视之。必须转变观念，不但重视青少年生理健康，更要重视青少年心理健康。

2．个体心理疏导与群体心理咨询相结合

《中国青年报》2006年5月31日报道，浙江理工大学举办的大学生心理压力调查显示：近六成大学生心理压力大。然而，在问及有了心理问题，是否愿意去心理咨询机构咨询时，只有22%的人选择会，还有78%的人不愿意去。主观上如此，客观上又如何呢？据介绍，在国外，每1000名大学生就有1名专职心理辅导员，而在国内，在最受重视的大学中，如山东大学，每2500名大学生配1名心理辅导员。目前全国高校中从事心理咨询工作的人员尚不足3000人；全国1000多所大专院校，只有30%建立了心理咨询机构；在建立了咨询中心的学校中，由于心理咨询师太少，学生的预约时间长达几个星期。事实上，从中学到大学，由于地位的改变、人际关系的变化、奋斗目标的缺失、理想与现实的落差，极易导致大学生产生各种心理问题。这就需要引导大学生，积极调整心态，掌握人际沟通技巧，确定新的奋斗目标，提高生活自理能力，树立正确的自我形象，及时适应新的大学生活。

由于社会的急剧变革和社会环境的复杂化，青少年在成长过程中难免会产生忧虑、苦闷、彷徨的心理，形成思想的疙瘩和心理方面的压力。大禹治水，益在疏导。要创造适当的宣泄条件，让青少年将心中的苦闷和烦恼发泄出来，以避免个体间的相互感染引起群体的不安定因素。我国著名心理学家潘菽曾指出："不仅有害物质能造成各种各样的身体疾病和精神疾病，有害的心理因素也有同样的作用；不仅药物能治病，良好的心理素质和积极精神状态，对于身体和精神的疾病也常常能起到治疗或有助于健康的作用。"要切实解决青少年成长过程中面临和关心的实际困难和问题，制定和推行有利于青少年成长、发展和脱颖而出的政策、措施。积极开展各种健康有益的活动，帮助青少年树立科学的世界观与人生观，辩证地看待人生的顺逆得失，在投身改革、建设祖国的事业中实现自身的价值。

由于传统文化影响，人们不太认同个体心理咨询，为此必须加强群体心理咨询活动，提高青少年的心理保健知识。团中央、教育部、全国学联于2004年5月决定将每年的5月25日确定为"全国大学生心理健康节"。几年来，各级组织紧密结合大学生心理特点，广泛开展各种心理健康教育活动，进一步提高了全社会对大学生心理健康教育工作的重视。2007年第四届大学生心理健康节以"我爱我——自立自信，昂首职场"为主题，引导广大高校学生树立正确的就业择业观，以积极乐观的心态去面对就业和未来工作、生活中可能遇到的挫折和困难，为服务高校毕业生就业，促进社会和谐作贡献。

著名教育家蔡元培认为，教育是帮助被教育的人，给他能发展自己的能力，完成他的人格，于人类文化上尽一份的责任。《中共中央关于构建社会主义和谐社会若干重大问题的决定》指出，构建社会主义和谐社会必须重视和谐文化建设，加强人文关怀，促进人的心理和谐。胡锦涛在党的十八大报告中进一步强调："加强和改进思想政治工作，注重人文关怀和心理疏导，培育自尊自信、理性平和、积极向上的社会心态。"借鉴国外心理分析思想，继承中国传统文化心理观点，加强人文关怀，促进心理和谐。在全社会积极开展心理分析和心理咨询，引导人们正确对待自己、他人和社会，正确对待困难、挫折和荣誉，培育人的乐观、豁达、宽容精神，提高人们的心理承受能力和挫折容忍力。重视未成年人的心理健康与全面发展，引导青年学生学会积极地认知，正确认识世界，客观了解自己；指导学生使用升华、补偿等积极的心理防御机制，不断提高控制和调适内心平衡的能力。建立学校心理咨询机构，健全学校心理服务体系，实行教育、教学、咨询、科研"四位一体"的心理素质教育模式。

让我们牢记胡锦涛在党的《"十八大"报告》中的倡导："中国特色社

会主义事业是面向未来的事业，需要一代又一代有志青年接续奋斗。全党都要关注青年、关心青年、关爱青年，倾听青年心声，鼓励青年成长，支持青年创业。广大青年要积极响应党的号召，树立正确的世界观、人生观、价值观，永远热爱我们伟大的祖国，永远热爱我们伟大的人民，永远热爱我们伟大的中华民族，在投身中国特色社会主义伟大事业中，让青春焕发出绚丽的光彩。"把人文关怀和心理疏导渗透于思想政治工作、学校教育、家庭教育等各个方面，帮助青少年塑造健康、和谐、创新型人格，培养社会主义事业的合格建设者和可靠接班人。

（本文是作者完成的山东省教育科学"十二五"规划课题《青少年"罪错"成因与矫治对策研究》[课题编号：2011GG339]的基本内容）

子女成长记录

（育人留轨迹，爱心常相忆）

姓名（乳名）：　　　性别：　　　出生日期：　年　月　日　时
血型：　　　　　属相：　　　星座：

幼儿园记事

入园时间：　年　月　日
学习成绩，主要表现，获奖情况，最有趣的事，存在的问题等。

离园时间：　年　月　日
主要表现：

小学记事

入学时间：　年　月　日
学习成绩，主要表现，获奖情况，最有趣的事，存在的问题等。

一年级：

二年级：

三年级：

四年级：

五年级：

六年级：

毕业时间：　年　月　日

初中记事

入学时间：　年　月　日

学习成绩，主要表现，获奖情况，最有意义的事，存在的问题等。

一年级：

二年级：

三年级：

毕业时间：　年　月　日

高中记事

入学时间：　年　月　日

学习成绩，主要表现，获奖情况，最难忘的事，存在的问题等。

一年级

二年级：

三年级：

毕业时间：　年　月　日

大学记事

入学时间：　年　月　日

学习成绩，主要表现，获奖情况，最重要的事，存在的问题等。

一年级：

二年级：

三年级：

四年级：

毕业时间：　年　月　日

参考文献

1. 徐凤英：《社会管理创新：预防流动青少年犯罪之根本》，《东岳论丛》2012 年第 8 期。

2. 于钦明等：《大学生网络心理障碍及其教育对策研究》，《思想政治教育研究》2012 年第 4 期。

3. 王庆功等：《社会心理冲突：群体性事件形成的社会心理根源》，《山东社会科学》2012 年第 9 期。

4. 刘亚娜等：《规范网络游戏与青少年法制教育》，《光明日报》2012 年 9 月 9 日。

5. 《中共中央国务院关于进一步加强和改进未成年人思想道德建设的若干意见》，《光明日报》2004 年 3 月 23 日。

6. 《国家中长期教育改革和发展规划纲要（2010—2020 年）》，人民出版社。

7. 郑明达、孙云晓：《"规范"家长》，《半月谈》2012 年第 14 期。

8. 方文琼：《浅析我国青少年犯罪现状及预防》，《法制与社会》2008 年第 10 期。

9. 丁飞：《论我国青少年犯罪的现状与特点》，《中国商界》2009 年第 7 期。

10. 胡锦涛：《坚定不移沿着中国特色社会主义道路前进 为全面建成小康社会而奋斗——在中国共产党第十八次全国代表大会上的报告》。

11.扈晓琴：《完善青少年犯罪的社区预防》，《光明日报》2012年11月24日。

12．林小春：《深度睡眠有助记忆？》，《光明日报》2014年6月26日16版。

13.曹保印：《爸爸在哪儿？》，《光明日报》2014年7月8日14版。

14．尹静等：《流动学龄前儿童早期语言教育应当得到重视》，《光明日报》2014年6月24日14版。

15.王家忠：《教子有方三十六（连载）》，《哲学战线》1996年第3、4期——1997年第1期。

16.底延等：《爸爸去哪儿了》，《读者》2014年第2期。

17．王家忠：《梦笔生花——善于启发培养儿童的创造力》，《中国教育报》"教育孩子的艺术（素质教育实施方案）"征文二等奖。

18.王家忠：《梦笔生花与移花接木》，《少年之友报》1999年10月28日。

19.秦湖：《被误解的母爱》，《今日文摘》2014年第6期。

20.《智商加减法》，《参考消息》2006年7月12日。

21.蔡元培：《美育实施的方法》，中华书局1984年版。

22.王东华：《发现母亲》，中国妇女出版社2013年版。

23.林巨：《妈妈，请这样爱我》，广西科学技术出版社2013年版。

24.黄欣欣：《教你做个省心妈妈—卓有成效的儿童行为习惯培养故事精选》，江苏教育出版社2011年版。

25.陈鹤琴：《家庭教育》，华东师范大学出版社2006年版。

26．王家忠：《灵性·潜能·创造——个人潜意识研究》，中国社会科学出版社2010年版。

27.冯德全：《0岁方案》，北京科技出版社2000年版。

后 记

英国《金融时报》曾载文指出：教育制度是"重心"，而不是"重金"。文章说：经济合作与发展组织（OECD）在一份报告中总结出三个结论：一是各个国家教育水准差别很大；二是所有工业化国家里，孩子的父母如果从事专业工作，孩子的成绩便较好，说明家庭背景对孩子教育的重要；三是金钱投放的多少与教育素质没有多大关系。这份报告的结论显示了：在这些国家里，父母教育孩子都愿意多花心思，而不是多花金钱。我国教育部《面向21世纪教育振兴行动计划》中强调：实施素质教育，要从幼儿阶段抓起，要用科学的方法启迪和开发幼儿的智力，培养幼儿健康的体质、良好的生活习惯与求知的欲望。

在20世纪90年代初，我初为人父，始觉家庭教育的重要，便开始涉猎一些家教知识。在学用的同时，有些心得便写下来，成为"教子有方三十六"，陆续在《哲学战线》（原山东省哲学学会与聊城大学合办）上连载（见该刊1996年第3、4期和1997年第1期）。但因工作变动，只写作并发表了29计。后来《中国教育报》开展"教育孩子的艺术"全国有奖征文，我便从中抽取一块，以"梦笔生花——善于启发培养儿童的创造力"为题投稿，竟然获得了二等奖（消息详见《中国教育报》1998年12月29日，"文化周刊"）。

　　大学教授写家教读物，可谓"小儿科，大工程"。人才的成长，不仅需要正规的学校教育，还需要家庭教育和社会教育。而家庭教育不但是其他教育的基础，而且还贯穿于子女成长的一生。所以，重视和搞好家庭教育，是关系到民族素质培育和提高的一项基础工程。基于这种考虑，我决定还是将书稿写完。本着"古为今用，洋为中用，推陈出新"的原则，力求达到民族化与大众化的统一，时代性和实用性的结合，最终形成了这本小册子。

　　在写作过程中，聆听、阅读、吸收了许多教育专家、书刊、家长们的有关经验，在此一并表示感谢。家庭教育绝不只是某个家庭的事，而是全民族的大业，还望广大读者朋友多提意见，加强交流，以期不断修改、充实和完善。

作者
2014年8月